PUBLIÉ SOUS LA DIRECTION
DE LA
SECTION HISTORIQUE DE L'ÉTAT-MAJOR DE L'ARMÉE

L'ŒUVRE DE VAUBAN
A LILLE

PAR

Maurice SAUTAI
CAPITAINE AU 24e RÉGIMENT D'INFANTERIE
DÉTACHÉ A LA SECTION HISTORIQUE

PARIS
LIBRAIRIE MILITAIRE R. CHAPELOT ET Cie
IMPRIMEURS-ÉDITEURS
30, Rue et Passage Dauphine, 30

1911

L'ŒUVRE DE VAUBAN

A LILLE

PARIS. — IMPRIMERIE R. CHAPELOT ET Ce, 2, RUE CHRISTINE.

SEBASTIANO LE PRESTRE, EQUITI DÑO DE VAUBAN BAZOCHES &c. GNĀLI REGIORŪ EXERCITUŪ LEGATO, TOTIUSQ; GALLIÆ BELLICORŪ OPERŪ PRÆFECTO GNĀLI, ARCIS INSULANÆ GUBERNATORI

PUBLIÉ SOUS LA DIRECTION
DE LA
SECTION HISTORIQUE DE L'ÉTAT-MAJOR DE L'ARMÉE

L'ŒUVRE DE VAUBAN
A LILLE

PAR

Maurice SAUTAI
CAPITAINE AU 24e RÉGIMENT D'INFANTERIE
DÉTACHÉ A LA SECTION HISTORIQUE

PARIS
LIBRAIRIE MILITAIRE R. CHAPELOT ET Cie
IMPRIMEURS-ÉDITEURS
30, Rue et Passage Dauphine, 30

1911

L'ŒUVRE DE VAUBAN

A LILLE

Lille doit beaucoup à Vauban.

Pendant 40 ans, de 1667 à 1707, de sa réunion à la France jusqu'à la mort du maréchal, l'existence de la cité est intimement liée à celle de l'ingénieur. A l'étroit dans ses murs avant la conquête, Lille se voit agrandie par lui d'un vaste quartier aux rues larges et bordées d'habitations magnifiques. Forteresse défectueuse, elle se transforme par son inspiration féconde en une place de guerre de premier ordre, et l'ingénieur ne cesse de perfectionner ses remparts et d'y accumuler toutes les ressources de son art si varié. Il la dote d'une puissante citadelle qui est sa première grande œuvre et demeure son œuvre de prédilection.

Une secrète reconnaissance attache Vauban à cette création de son génie qui lui a permis d'affirmer hautement sa supériorité sur tous ses rivaux et lui a conquis pour jamais la confiance de Louvois. C'est là, d'ailleurs, dans les trop courts instants que lui laissent ses immenses travaux et la visite de nos frontières, qu'il aime particulièrement à venir se reposer, au milieu de ces Flamands qu'il a appris à connaître et à estimer. Il se fait le défenseur de leurs institutions, et, dans son ardent patriotisme, il s'efforce de leur faire aimer la France et aussi de travailler à leur prospérité par l'extension des voies navigables destinées à relier Lille à la mer et à l'Escaut.

Enfin, comme s'il avait prévu l'avenir, il meurt en laissant, pour la défense de cette ville, une instruction admirable, vrai modèle du genre, où éclate au grand jour l'excellence de sa doctrine et de ses enseignements.

CHAPITRE PREMIER

Vauban et la construction de la citadelle de Lille.

Maître de Lille, en 1667, Louis XIV décide d'y construire une citadelle. — Rivalité, à ce sujet, de Clerville et de Vauban. — Triomphe de ce dernier, soutenu par Louvois. — Activité imprimée par l'ingénieur aux travaux de la citadelle, dont la fortification est achevée dès 1670. — Avec l'aide d'un maître maçon de la ville, Simon Vollant, il en fait « la Reine des citadelles ».

Au mois d'août 1667, alors que Lille ouvrait ses portes au roi de France, Vauban avait 34 ans. Sa famille, dévouée aux intérêts de Condé, l'avait fait entrer à 17 ans, en 1651, dans l'armée rebelle de ce prince. Il y avait fait ses premières armes comme cadet. « Il possédait alors, dit-il lui-même dans l'*Abrégé de ses services* (1), une assez bonne teinture des mathématiques et des fortifications, et ne dessinait d'ailleurs pas mal ». En 1653, il était fait prisonnier par un parti de l'armée royale. Le cardinal Mazarin, apprenant qu'il avait quelque intelligence des fortifications, se faisait amener le jeune officier, et, après l'avoir « converti », l'envoyait au siège de Sainte-Menehould où Vauban servait en second sous le chevalier de Clerville, qui passait à cette époque pour le meilleur des ingénieurs du Roi (2).

---

(1) *Abrégé des services du maréchal de Vauban*, fait par lui en 1703, publié en 1839 par le lieutenant-colonel du génie Augoyat.

(2) Clerville (Nicolas, chevalier de) avait déjà dirigé en chef de nombreux sièges lorsque fut créée en sa faveur, le 30 juin 1662, la charge de Commissaire général des fortifications et réparations des

Longtemps « diacre de M. de Clerville », ainsi qu'il s'intitule lui-même, Vauban, capitaine au régiment de Picardie, venait de diriger en chef, et de main de maître, les travaux d'approche aux sièges de Tournai, de Douai et de Lille, pendant la campagne de 1667. Louis XIV s'était montré si content de la conduite du jeune ingénieur à ce dernier siège, qu'il l'avait gratifié d'une lieutenance aux gardes et d'une pension de 2,400 livres. En outre, comme si la fortune voulait mettre le comble à ses faveurs, Louvois avait, à la même heure, formé le projet de s'attacher personnellement Vauban, dont il n'avait point tardé, sous les murs de Lille, à distinguer le mérite et l'habileté.

Désireux de s'assurer une conquête aussi précieuse que celle de la capitale de la Flandre, le Roi avait pris aussitôt la résolution d'en réparer les fortifications et d'y construire une citadelle. Il avait nommé, pour commander dans Lille, le marquis de Bellefonds (1). Comme le chevalier de Clerville, qui accompagnait le Roi, était demeuré dans cette ville, ce fut à lui que le marquis de Bellefonds s'adressa pour dresser le plan de la nouvelle citadelle. Le 7 septembre 1667, le gouverneur de Lille écrivait à Louvois : « Je pensais vous envoyer aujourd'hui le projet de la citadelle de Lille auquel M. le chevalier de Clerville a travaillé avec beaucoup de soin. Il a passé en tant de formes différentes qu'hier au soir seulement nous achevâmes de nous déterminer, et, en cette matière, je crois

villes de France. Se sentant supplanté par Vauban, il ne parut plus à l'armée dès le début de la guerre de Hollande et se retira dans son gouvernement d'Oléron qui lui avait été accordé en 1671. Il conserva ce gouvernement jusqu'à sa mort, survenue en 1677. Sa charge de Commissaire général des fortifications fut donnée à Vauban l'année suivante.

(1) De Bellefonds (Bernardin Gigault, marquis de), lieutenant général en 1665 et maréchal de France en 1668.

que l'on ne peut rien trouver de mieux... Plus on voit cette ville et plus on la considère comme une place pour laquelle il ne faut pas plaindre la dépense, et sans doute qu'il l'y faut hasarder quand elle devrait être perdue par le malheur d'une paix (1) ».

Clerville adressait, le 17 septembre, à Louvois, son projet d'une citadelle de 4 bastions, et, dans les derniers jours du mois, le Ministre le convoquait à Péronne (2). Il priait aussi Vauban de se rendre au rendez-vous (3). Le dessin de Clerville n'avait plu ni au Roi ni aux personnes de son entourage. Louvois ordonna à Clerville et à Vauban de se mettre à l'œuvre sans retard et de lui présenter un nouveau projet.

Ce n'était pas chose facile de faire travailler de concert les deux ingénieurs. L'intendant Charuel (4) et le marquis d'Humières (5) (qui avait été nommé le 25 septembre 1667

---

(1) *Arch. hist. du Ministère de la Guerre* (*A. H. G.*), vol. 209.

(2) En sa qualité de place conquise, Lille était échue au département du secrétaire d'État à la guerre, de Louvois. Après la disgrâce de Foucquet, les fortifications du royaume avaient été réparties entre Colbert et Le Tellier. Colbert avait eu, dans son partage, les places fortes de l'ancien domaine royal, Le Tellier, les provinces nouvellement soumises, comme l'Artois, le Hainaut, la Flandre.

(3) Louvois à Vauban, 23 septembre 1667, à Saint-Germain (*A. H. G.*, vol. 208).

(4) Charuel, l'un des meilleurs intendants de Louis XIV, ne demeura que quelques mois à la tête de la Flandre wallonne. Il fut remplacé en juin 1668 par Michel Le Peletier de Souzy qui devait, lui aussi, se révéler comme l'un des administrateurs les plus remarquables de cette époque. Le Peletier conserva l'intendance de Flandre jusqu'en 1683 et remplit plus tard, à la mort de Louvois, les fonctions de directeur général des fortifications qui firent de lui, suivant Saint-Simon, « un tiercelet de ministre », et dans lesquelles, de 1691 à 1715, il ne cessa de mériter toute la confiance de Louis XIV.

(5) D'Humières (Louis de Crevant, marquis), alors lieutenant général, devait, après la paix d'Aix-la-Chapelle, être confirmé dans le gouvernement de Lille, Orchies et pays de Laleu, par provisions du 3 juin

pour remplacer le marquis de Bellefonds comme gouverneur de Lille), y employèrent tout leur savoir. Vauban n'aimait guère à s'ouvrir de ses vues à son ancien maître qui se hâtait de les faire siennes. Le 14 octobre 1667, il mandait à Louvois : « Je vous enverrai mon sentiment sur la citadelle, qui sera, s'il plaît à Dieu, dans cinq ou six jours sans rien changer à l'assiette du chevalier de Clerville qui est fort bien choisie. J'espère vous faire voir tant d'avantages en mon projet si différent du sien que j'ose me promettre que vous l'approuverez. Je lui en voulais faire un secret parce qu'il se l'appliquera, mais M. d'Humières, que j'ai mené sur les lieux, ne l'a pas plus tôt vu qu'il le lui a dit. Je ferai pourtant bande à part, et vous aurez mes sentiments tels qu'il plaira à Dieu me les inspirer sans aucun mélange (1) ». Et le lendemain, 15 octobre, il disait dans une autre lettre à Louvois : « M. le marquis d'Humières nous mène présentement, M. le chevalier de Clerville et moi, sur le lieu choisi pour la citadelle pour voir si nous pourrons concilier nos opinions. J'espère qu'il se pourra réduire aux miennes parce que j'ai des raisons fort avantageuses (2) ».

Vauban voulait un pentagone, 5 bastions au lieu de 4.

1668, et recevoir le bâton de maréchal le 8 juillet suivant. Investi de la dignité de grand-maître de l'artillerie en 1685, du titre de duc en 1690, il devait mourir en 1694. Voici le portrait qu'en a tracé Saint-Simon : « C'était un homme qui avait tous les talents de la cour et du grand monde et toutes les manières d'un fort grand seigneur. Avec cela, homme d'honneur, quoique fort liant avec les ministres et très bon courtisan, ami particulier de M. de Louvois qui contribua extrêmement à sa fortune, qui ne le fit pas attendre. Il était brave et se montra meilleur en second qu'en premier. Il était magnifique en tout, bien avec le Roi qui le distinguait fort et était familier avec lui. » (*Mémoires de Saint-Simon*, Édition de Boislisle, vol. II, p. 175.)

(1) *A. H. G.*, vol. 209.

(2) *Ibidem.*

Il finit par obtenir gain de cause auprès de son collègue dont il avait, de son côté, approuvé les vues pour l'emplacement de la citadelle qu'il reconnaissait fort bien choisi.

Inquiet du crédit grandissant de Vauban auprès de Louvois et de d'Humières, Clerville prit le parti de se rendre à la cour « pour consulter, avec le Ministre et avec les sages de sa connaissance », sur une affaire de cette importance « avant que d'y embarquer le Roi et même avant que de lui en faire des ouvertures tout à fait déterminées, car, écrivait-il au Ministre le 19 octobre, je ne saurais avoir un repos d'esprit tout entier que mes petites pensées n'aient été discutées par qui et où elles doivent être (1) ». Il ne se trompait point en soupçonnant Louvois de pencher en faveur de son rival. Le 20 octobre 1667, le Ministre mandait à l'intendant Charuel : « Vous pouvez laisser discourir M. le chevalier de Clerville sur tout ce qu'il estime à faire dans les places. Comme il parle fort bien et qu'il y prend plaisir, vous pourrez le laisser dire, mais ne faites jamais rien de tout ce qu'il vous dira que vous n'en ayez ordre d'ici ou que le lieutenant général ne le désire absolument (2) ».

Au moment de quitter Lille, Clerville voulut se donner la satisfaction de tracer, soi-disant, la nouvelle citadelle. « Avant de partir, écrivait Vauban à Louvois, le 29 octobre, il y fit, moi présent, planter une douzaine de piquets à l'aventure seulement pour dire qu'il l'avait tracée, mais la vérité est qu'il n'y en a pas un qui puisse servir (3) ».

Pendant que le chevalier de Clerville s'acheminait vers la cour, Vauban travaillait fiévreusement à mettre la dernière main à ses dessins. N'ayant personne pour l'aider, obligé, en sa qualité de capitaine, de monter la garde à des intervalles très rapprochés, il ne put, malgré son

(1) *A. H. G.*, vol. 209.
(2) *Ibidem*.
(3) *Ibidem*.

impatience et celle de Louvois qui le pressait de ses instances, envoyer ses plans à Saint-Germain avant le 28 octobre. Ce fut un ingénieur qui avait déjà travaillé sous ses ordres et lui était sincèrement attaché, le chevalier de Montgivrault, que Vauban chargea de présenter son travail au Ministre (1). Il l'accompagnait de la lettre suivante : « Je suis long, mais je suis seul, et je voulais vous parler juste : aussi crois-je n'y avoir pas mal réussi puisque, pour ce qui regarde les mesures et les observations, je ne m'en suis fié à personne qu'à moi, et, à l'égard de l'estimation de la dépense, je n'ai rien fait que sur le rapport des ouvriers et des gens qui ont manié les travaux de la ville et suivant les marchés qu'elle avait faits avec les entrepreneurs quand elle a fait faire quelque fortification... Si j'en suis cru, nous travaillerons seulement à la contrescarpe de la citadelle pendant l'hiver, et, si nous pouvons, à quelque demi-lune en attendant la fin de février pour travailler au corps de la place et cependant faire les préparatifs de tout ce qui sera nécessaire au travail car le lieu où nous aurons à travailler sera si bourbeux et si humide qu'on ne s'y pourra remuer,

---

(1) Augustin Le Haguais, chevalier, puis marquis de Montgivrault, travailla longtemps sous Vauban aux fortifications des places de Flandre, obtint en 1674 la lieutenance de Roi de Courtrai, le grade de brigadier en 1678, mais, peu scrupuleux sur les moyens de s'enrichir, il finit par s'attirer la disgrâce de Louvois. Il mourut en 1708, possesseur de la terre de Courcelles, près du Mans. Dangeau lui a consacré quelques lignes dans son *Journal* et Saint-Simon dit, dans ses *Mémoires* (Édition de Boislisle, vol. XVI, p. 62), que , « malgré cette aventure et une réputation peu nette, il sut devenir une espèce d'important à force d'esprit, de galanterie, de commodité pour autrui et d'excellente chère; il se fit ainsi beaucoup d'amis considérables à la cour et à la ville : le maréchal de Tessé, le duc de Tresmes, Caumartin, Argenson, entre autres, étaient ses intimes. Il avait acquis par là de la considération, et il avait eu l'art de s'ériger chez lui un petit tribunal où beaucoup de gens étaient fort aises d'être reçus ».

et ce serait dépenser de l'argent mal à propos que de s'y embarrasser présentement (1). »

Le 13 novembre 1667, « sortant présentement de chez le Roi », Louvois écrivait à Vauban : « Le Roi a résolu de faire travailler sans aucune perte de temps à la citadelle de Lille dans le même lieu que vous avez marqué dans votre plan..., c'est-à-dire dans celui que m'a apporté le chevalier de Montgivrault. L'on ne prétend d'abord que de la faire de terre bien gazonnée et fraisée, ainsi qu'il est désigné par le profil que vous avez joint à votre plan... Vous devez, sans aucune perte de temps, voir, avec MM. d'Humières et Charuel, tout ce qui est à faire pour accélérer avec la dernière diligence cet ouvrage... Le Roi vous a accordé, à commencer du premier de ce mois, 500 livres par mois, et à 2 hommes qui travailleront sous vous, chacun 200 livres, le tout par mois, et du fourrage pour vos chevaux dans toutes les places où vous serez obligé d'aller pour vous acquitter de vos emplois (2) ».

Clerville cependant ne se tenait pas pour battu. Il prétendait que Vauban s'était écarté de l'emplacement primitif et que la citadelle s'approcherait trop de la ville. Un architecte de Tournai, nommé Thierry, homme en qui Turenne avait quelque confiance, venait, sur l'invitation du maréchal, de faire un voyage à Lille afin d'examiner le terrain choisi par Vauban. A son tour, l'architecte présenta une solution nouvelle, disant que la construction de la citadelle, là où l'avait établie Vauban, entraînerait la démolition d'un hôpital de la ville, « la Maison de Santé », soit une dépense de 300,000 florins. Vauban se chargea de réfuter ces critiques en prouvant que, sans s'écarter de l'emplacement déterminé par Cler-

(1) *A. H. G.*, vol. 209.
(2) *A. H. G.*, vol. 207.

ville, il se faisait fort d'épargner l'hôpital en question. Louvois était là d'ailleurs pour défendre son projet, et le Ministre lui annonçait sa double victoire, le 20 novembre 1667 : « Le Roi acheva hier de prendre sa résolution sur ce qui regarde la citadelle de Lille, et, quoique je lui aie lu un mémoire que m'a envoyé l'ingénieur de Tournai, nommé Thierry, Sa Majesté a persisté dans la résolution de faire construire la citadelle dans le même milieu, d'autant plus que M. d'Humières a encore mandé, par sa dernière lettre, qu'il n'y avait pas à choisir. Sa Majesté désire que votre plan s'exécute de point en point... (1) ».

En même temps, le Ministre recommandait à l'intendant Charuel de stimuler Vauban et de lui montrer son intérêt de conduire à bien la première grande entreprise qui lui était confiée, et l'intendant, après s'être acquitté de sa mission, écrivait à Louvois : « J'ai fait voir à Vauban tout ce que vous m'avez fait l'honneur de me mander sur le sujet de tous les travaux qu'il faut faire à la citadelle et des appointements et gratifications que vous lui avez procurés auprès de Sa Majesté. Il m'a témoigné en avoir la dernière reconnaissance et m'a prié de vous assurer que vous seriez content de lui et qu'il n'y a efforts ni soins qu'il ne prenne pour répondre à l'opinion que vous en avez et qu'il tiendra si bien la main à tout, que le Roi ne sera point trompé (2) ».

S'il était quelqu'un dont le zèle n'avait pas besoin d'être aiguillonné, c'était Vauban. Quittant avec joie les travaux de Courtrai, le 27 novembre 1667, il accourait à Lille et se mettait aussitôt à l'œuvre. « Il travaille avec la dernière application (3) », écrivait d'Humières à Lou-

---

(1) *A. H. G.*, vol. 208.

(2) Charuel à Louvois, 25 novembre 1667, à Courtrai (*A. H. G.*, vol. 210).

(3) *A. H. G.*, vol. 210.

vois le 6 décembre 1667. A cette date, en l'espace d'une semaine, Vauban avait achevé le tracé de la citadelle, mandé les principaux entrepreneurs du pays et conclu avec eux d'importants marchés. Dès les premiers jours, il trouvait un auxiliaire précieux dans un maître maçon de la ville, Simon Vollant (1). Le 26 janvier 1668, le marquis d'Humières signalait à Louvois ce dernier comme « un homme très habile, et dont les ennemis s'étaient servis en plusieurs places qu'il avait fort bien fortifiées (2) ». Vollant, qui n'avait point son égal en fait de maçonnerie, était d'une grande modestie, d'un caractère doux et timide, au point qu'on en pouvait difficilement tirer une parole. Louvois ne tarda pas à se montrer si satisfait de Simon Vollant qu'au mois d'avril 1668, à son instigation, le Roi « le retenait, ordonnait et éta-

(1) Simon Vollant, ce maître maçon de Lille, qui n'avait point son égal dans l'art de bâtir, méritait, dès 1668, le titre d'ingénieur et architecte des armées du Roi. Malgré l'opposition du Magistrat de Lille, Louvois et d'Humières lui obtenaient, en 1671, la charge d'argentier de cette ville. C'était, écrivait, en 1730, son petit-fils, Guy Louis Henry de Valory, dans le fragment de ses *Mémoires* que nous venons de publier, un « homme de peu, que son mérite et son savoir avaient élevé. Les lettres de noblesse qu'il obtint (en mai 1685) du feu Roi sont des plus belles, et il me semble qu'elles ne doivent pas entrer en comparaison avec celles qu'on obtient pour de l'argent. Son savoir lui avait acquis les bonnes grâces de M. de Louvois. Il en avait même la confiance ».

Directeur des fortifications de Lille, Menin et Courtrai, Vollant mourut à Lille en 1696 et sa charge de directeur fut donnée, sur la recommandation de Vauban, à son gendre, le marquis Charles Guy de Valory, l'un des meilleurs élèves du maréchal, qui, par ses services signalés à la défense de Douai en 1710, à la reprise de Douai, du Quesnoy et de Bouchain en 1712, à la conquête de Landau et de Fribourg en 1713, devait se placer au premier rang des ingénieurs de cette époque.

Simon Vollant est l'auteur de la porte de Paris, à Lille, monument élevé à la gloire de Louis XIV et regardé comme un chef-d'œuvre d'architecture militaire.

(2) *A. H. G.*, vol. 224.

blissait à la charge de l'un de ses ingénieurs et architectes ordinaires de ses armées (1) », et lui faisait bientôt obtenir du Magistrat de Lille la charge d'argentier de la ville. Entre ces trois hommes, Louvois, Vauban et Vollant, il s'établit une amitié réelle qu'atteste à maintes reprises la correspondance du Ministre qui écrivait à Vauban, le 5 janvier 1671 : « Vollant est un fou et un visionnaire, et vous n'êtes guère plus sage que lui de souffrir qu'il vous tienne les propos que vous me mandez. Remettez-lui l'esprit et assurez-le que le pis qui lui peut arriver est d'avoir toute sa vie les appointements dont il jouit, quand même il ne ferait rien (2) ».

Le 28 décembre 1667, 400 ouvriers commençaient l'excavation des fossés (3). Deux mois plus tard, à la suite d'un accord conclu entre l'intendant Charuel et les baillis de la châtellenie de Lille, 1,400 paysans venaient renforcer les travailleurs, sans compter les soldats des régiments logés dans la ville, et, dans une lettre à Louvois, du 7 mars 1668, Vauban lui donnait ces détails sur les travaux de la citadelle : « ...On achève de ramasser le gazon qui s'est trouvé dans la superficie des remparts et fossés de la citadelle, et présentement les paysans, au nombre de quelque quatorze cents, font une ceinture à l'entour du corps de la place. J'ai réparti tout l'ouvrage par tâche aux villages selon le monde qu'ils doivent fournir, et je mets présentement dans la tête des États, autant que je le puis, de les obliger tous à travailler au scaff (4) ou à la toise et de ne les faire payer que sur les certificats de l'ouvrage qu'ils

---

(1) *La porte de Paris et son architecte*, savante brochure dans laquelle un collectionneur lillois, M. Quarré-Reybourbon, a retracé la vie et les travaux de Simon Vollant.

(2) *A. H. G.*, vol. 254.

(3) Vauban à Louvois, 28 décembre 1667 : « Je vous dirai qu'il y a aujourd'hui environ 400 hommes sur le travail ». (*A. H. G.*, vol. 210.)

(4) Le scaff, ou verge carrée de Lille, mesurait 400 pieds cubes.

auront fait, moyennant quoi l'intérêt deviendra leur châtiment, qui les fera mieux aller que qui que ce soit. Tout le monde donne assez dans ce sens-là, et les ouvriers commencent à comprendre aussi que ce sera leur avantage. Il était tout à fait nécessaire de prendre ces précautions contre la fainéantise fort familière aux gens de corvée qui, autrement, nous aurait fait languir l'ouvrage toute l'année; si tôt que les chemins seront assez desséchés pour pouvoir voiturer des matériaux, on travaillera aux égouts, poternes, portes et retenues d'eau qui sont les ouvrages les plus pressés (1). »

D'Humières, excellent courtisan, savait qu'il ne pouvait rien faire de plus agréable aux yeux du Roi et du Ministre que de presser la construction de la citadelle. Il s'ingéniait, avec Vauban et l'intendant, pour trouver partout des ressources. La forêt de Nieppe, les bois voisins du village de Phalempin et des abbayes de Cysoing et de Loos, furent mis à contribution pour se procurer la charpente et les palissades. Il fallait, pour revêtir le corps de la place, 3,300,000 parpaings (2), plus de 60 millions de briques, 67,000 pieds de grès. Les carrières de Lezennes, de Templemars, d'Ennequin et de la Porte des Malades (Esquermes) ne pouvaient fournir journellement que 8,000 parpaings, et il en fallait au moins 12,000. Les grès faisaient totalement défaut. D'Humières trouva le moyen d'y remédier en ordonnant la démolition du château de Warneton, puis celle du château d'Erquinghem-sur-la-Lys. Apprenant que l'abbaye de Loos dispose de 5,000 à 6,000 pierres, le gouverneur de Lille s'y transporte et en fait l'acquisition. Une grande cense, appartenant à l'évêque de Tournai, vient à brûler à Wazemmes, aux portes de la ville; d'Humières s'en approprie aussitôt les parpaings. Vauban est arrêté dans ses travaux par le manque de

(1) Vauban à Louvois, 7 mars 1668 (*A. H. G.*, vol. 225).

(2) Pierres longues et carrées que l'on employait dans les fondations.

tailleurs de pierres. Usant de son crédit et de son autorité dans ses terres de Picardie, le gouverneur de Lille amène bientôt de cette province 33 carrieurs, « tous maîtres (1) », ce qui permet de congédier les ouvriers venus de la capitale qui ne veulent travailler qu'à la journée et non à la tâche. Bref, d'Humières déploie tant d'activité que Vauban dit de lui à Louvois : « Il se donne assez de soins pour mériter la qualité du meilleur de nos chassavants (2) », et le chevalier de Montgivrault : « Je doute qu'il pût avoir tant d'empressement pour trouver les mines du Pérou qu'il en a pour chercher des pierres (3) ».

Les travaux de la maçonnerie des ouvrages avaient été pris en adjudication, en mai 1668, par des maîtres de la campagne à des sommes tellement faibles que les bons maîtres de la ville avaient refusé d'y entrer. Vollant fit sentir le danger de confier ces travaux à des ouvriers inexpérimentés et obtint qu'on relevât le prix des marchés.

Au milieu de juin 1668, 4 fours étaient allumés qui pouvaient contenir chacun un million de briques. Les travaux de terrassement de tous les dehors étaient pour ainsi dire terminés, et d'Humières pouvait procéder à la pose de la première pierre de la citadelle le 17 juin 1668 (4).

Les fondations se faisaient au milieu d'un terrain difficile. Il fallait approfondir le sol à près de trois toises, et l'on rencontrait avec l'eau un sable bouillant et mouvant. Louvois paraissant inquiet des difficultés de ce travail, Vauban s'empressait de le rassurer en ces termes : « Que le sable bouillant ou mouvant ne vous étonne point. Ce

(1) D'Humières à Louvois, 4 octobre 1668 (*A. H. G.*, vol. 228).

(2) Vauban à Louvois, 18 septembre 1668 (*A. H. G.*, vol. 227). — Chassavant ou surveillant.

(3) Montgivrault à Louvois, 18 septembre 1668 (*A. H. G.*, vol. 228).

(4) Vauban à Louvois, de Tournai, 18 juin 1668 : « On posa, hier, la première pierre à la citadelle de Lille. » (*A. H. G.*, vol. 227.)

n'est que de la peine et de l'adresse pour moi. Les tours des plus gros clochers d'ici ne sont fondées que là-dessus sans aucun pilotage, et qui porte un clocher peut porter les Pyrénées (1) ».

Autant Vauban admettait la discussion sérieuse, autant il supportait avec peine les chicanes. Le marquis d'Humières ayant manifesté son étonnement de la profondeur des fondations, Vauban écrivait au Ministre : « Jamais maçon n'a eu tort pour fonder trop bas, et toute fortification qui doit avoir son fossé de 12 pieds de profondeur mérite bien que les fondements de son revêtement soient poussés 3 pieds plus bas, principalement dans un fond aussi méchant que celui où est la citadelle de Lille. Or, M. le marquis d'Humières n'est pas assez bon maçon pour juger de ces choses. C'est pourquoi il ne faut pas, s'il vous plaît, que vous vous arrêtiez à ce qu'il vous peut mander là-dessus. Qu'il nous fasse seulement voiturer des matériaux, il fera bien assez. Je ne prendrais pas plaisir à voir tomber une muraille après qu'elle soit élevée à sa hauteur. Je n'ai pas eu ce déplaisir, et je ne le veux pas avoir si je puis. C'est pourquoi un peu de patience, s'il vous plaît (2) ».

Une autre fois, Vollant n'ayant pas cru devoir exécuter un soubassement ordonné par Vauban avant son départ pour Dunkerque, l'ingénieur, l'ayant appris, s'émut de l'opposition qu'il croyait rencontrer parmi ses subordonnés, et écrivit à Louvois : « Je prends la liberté de vous envoyer une lettre du chevalier de Montgivrault qu'il m'écrit au sujet d'un soubassement que j'avais ordonné à Vollant auparavant de partir. Ce n'est qu'une bagatelle, cependant vous verrez par là que, si j'étais capable de quelque grande faute, on ne manquerait de me bien redresser et de vous en donner bientôt avis. Je vois bien

---

(1) Vauban à Louvois, Lille, 9 février 1668 (*A. H. G.*, vol. 224).
(2) Vauban à Louvois, Ath, 5 juillet 1668 (*A. H. G.*, vol. 227).

que cela provient de la réforme des chassavants, mais, en tout cas, j'ai fait là-dessus toutes les honnêtetés que j'ai dues à M. le maréchal d'Humières qui, de son côté, m'en parle comme un homme qui ne demandait que le profit du Roi. Quoi que c'en soit, je réformerai toujours tant que je trouverai des gens inutiles... Je vous ai voulu faire ce détail afin de vous faire voir que je ne fais rien sans raison. De surplus, je vous prie, puisque vous me faites l'honneur de vous confier en moi de la conduite de quelques ouvrages, de trouver bon que je fasse mon métier et que ces messieurs fassent le leur, car s'il faut que, toutes les fois que j'aurai le dos tourné, ils changent ce que j'aurai réglé, il vaudrait autant pour moi et bien mieux de ne m'en point mêler, car cela me fait décréditer parmi les ouvriers et ceux sur qui j'ai commandement... (1) ».

A cette lettre, Louvois répondait : « Je ne vous ai rien mandé de tout ce qu'on m'a écrit au sujet du soubassement que vous aviez ordonné à Lille parce que j'ai fait la réponse que vous pouviez désirer en mandant à tous ceux qui m'ont écrit, l'un après l'autre, que, le Roi s'étant remis absolument à vous pour la conduite de toutes les fortifications de mon département, je les prie de ne pas souffrir que vos subalternes raisonnassent en votre absence sur les choses que vous auriez une fois réglées. Ma réponse a été si sèche que je suis persuadé que c'est la dernière fois que l'on m'écrira de pareilles affaires (2) ».

Vollant fut au désespoir de l'incident. Il se croyait déjà en disgrâce, mais, au retour de Vauban, les reproches se changèrent en éloges quand Vollant lui proposa (en vue d'épargner les charrois qui ruinaient le pays et n'amenaient en hiver qu'une quantité trop faible de matériaux) de creuser un canal partant de la Haute-Deûle, aux

(1) Vauban à Louvois, Lille, 23 septembre 1668 (*A. H. G.*, vol. 228).

(2) Louvois à Vauban, Saint-Germain, 26 septembre 1668 (*A. H. G.*, vol. 218).

abords du village d'Esquermes, pour aboutir aux fossés de la citadelle et amener à pied d'œuvre les pierres des carrières voisines du faubourg des Malades. La construction de ce canal réussit à souhait, et, au début de 1669, un seul bateau, faisant chaque jour plusieurs voyages, amena plus de pierres que 100 chariots n'eussent pu en conduire dans le même temps.

Vauban était l'âme de ces travaux. Lorsqu'il voyait les ouvriers aux prises avec un terrain difficile, il leur faisait « remettre le cœur au ventre par l'onction de quelques pièces de 15 sols dans la paume de la main (1) ». L'activité des chantiers redoublait lorsqu'il était présent. Sous son impulsion, ses aides dévoués, Vollant, Montgivrault, La Londe, Chazerat, Choisy, Saint-Vincent, Bouillant et La Vénerie (2) poussaient le travail avec tant de méthode et de soin que Vauban pouvait sans jactance proclamer cette place la « Reine des citadelles (3) », et « supplier très humblement le Ministre de bien choisir les officiers qu'il voudra mettre dans cette citadelle qui sera, dans quelque temps, une des plus belles pièces d'Europe et peut-être une des plus importantes du royaume (4) ».

(1) Vauban à Louvois, Lille, 24 avril 1669 (*A. H. G.*, vol. 241).

(2) Parmi ces collaborateurs de Vauban, plusieurs devaient parvenir à une fortune militaire assez élevée : Montgivrault au grade de brigadier; Chazerat, aux fonctions de directeur des fortifications à Ypres. La Londe, sur qui Vauban aimait à se reposer, après avoir fait d'Ath une excellente place, devait mourir, en 1688, au siège de Philippsbourg, où il commandait une brigade d'ingénieurs. Choisy, par sa belle conduite en diverses rencontres, notamment à la défense de Maëstricht en 1676, et à celle de Mayence en 1689, obtenait le titre de marquis en 1692 et le grade de lieutenant général en 1704.

(3) Vauban, qui attendait la visite de Louvois à Lille, lui écrivait, le 24 avril 1669, de cette ville : « ... Je prétends vous faire tomber d'accord avant votre départ que ce sera ici la Reine des citadelles, à la prendre de toutes les manières... » (*A. H. G.*, vol. 241.)

(4) Vauban à Louvois, lettre sans date, du milieu de juin 1668 (*A. H. G.*, vol. 227).

A la même heure, de grands ouvrages de fortification, tous conduits par Vauban, se poursuivaient à Courtrai, Audenarde, Ath, Tournai, Douai et Dunkerque, pour ne parler que des villes de notre frontière du Nord. Visitant les places de la Flandre, en mai 1669, Louvois décrivait avec orgueil à son père l'état de la nouvelle citadelle de Lille :

« Les dehors sont en leur perfection, à la réserve de la palissade de la contrescarpe qui n'est pas encore posée; l'excavation des fossés du corps de la place est faite, à la réserve de quatre toises de berme que l'on a laissées pour la commodité de la maçonnerie. Toute celle du revêtement dudit corps de la place est entièrement fondée, et il y en a plus de la moitié d'élevée de cinq pieds au dessus de la sous-base. C'est la plus belle maçonnerie que l'on puisse voir. Quoique le tout soit fondé sans aucun pilotage, grilles, ni flaques, sur un sable bouillant, rien ne s'est encore démenti, et j'espère que tout ledit revêtement sera à hauteur de cordon avant la Toussaint prochaine; il y a à Tournai 2,900 ouvriers et 800 chevaux qui travaillent à la citadelle, et, à Lille, 1,600 hommes, sans qu'à ces deux places il y ait 15 ouvriers qui travaillent à journée, et c'est une chose fort belle à voir que la précipitation que chacun a d'avancer sa besogne pour augmenter sa paye. Tous les matériaux de la citadelle de Lille arrivent jusque sur les bermes dans des bateaux, grands comme ceux de la rivière de Marne, et ce par le moyen d'un canal qui n'est achevé que depuis huit jours, qui n'a coûté que 1,000 écus et en épargnera au Roi plus de 30,000, puisque la voiture du cent de parpaings, qui coûtait 50 patards, ne revient plus qu'à 18 par le canal, et celle du millier de briques, qui en coûtait 15, se fait pour 5, ce qui est une économie d'autant plus considérable, qu'outre que l'on épargne en argent sur la voiture, on évite encore des déchets de matériaux qui allaient à l'infini... Ce qui se fait en ce pays-ci à l'égard des travaux étonne tout le monde, et à peine ceux qui les voient peuvent-ils croire que, dans des places si proches les unes des autres, l'on puisse venir à bout en même temps de si grands ouvrages... (1) ». Les étrangers accouraient en foule contempler ces travaux prodigieux qui rappelaient les œuvres gigantesques des légions romaines, et ils s'en retournaient « tous remplis d'admiration du succès du travail et de la grandeur du Roi (2) ». « Je sais, écrivait l'intendant Charuel à Louvois, le 24 février 1668, que les ennemis ne peuvent dissimuler leur étonnement de voir tant et de si grandes entreprises à la fois (3) ».

Grâce à Louvois, l'argent ne manquait pas pour assurer le payement de tant d'ouvrages. Si le revêtement de la citadelle de Lille avait pu se faire en huit jours, le Ministre se déclarait capable d'en acquitter la dépense en six jours, car il tenait les fonds tout prêts à cet effet. Malgré l'abondance de ses ressources, Louvois entendait maintenir dans les travaux la plus stricte économie. C'était en vain que Vauban lui proposait de faire quelques décorations à la citadelle. Le Ministre répondait par un refus formel sans se laisser toucher par les arguments pleins d'à-propos et de justesse qu'avait su employer l'ingénieur : « La dépense n'ira pas à 4,000 livres, et de cela je suis si assuré que je me soumets volontiers à payer le surplus, s'il y en a, et d'avoir encore les étrivières par-dessus le marché. Je vous supplie donc de vous souvenir que, la citadelle de Lille ayant l'honneur d'être votre fille aînée dans la fortification, il est juste que vous lui fassiez quelque prérogative (4) ».

A l'exemple de Louvois, Vauban témoignait aussi sa

(1) Louvois à Le Tellier, 24 mai dudit an 1669, à Dunkerque (*A. H. G.*, vol. 241).

(2) Louvois à Le Tellier, mai 1669 (*A. H. G.*, vol. 241).

(3) *A. H. G.*, vol. 224.

(4) Vauban à Louvois, Lille, 22 juin 1669 (*A. H. G.*, vol. 242).

satisfaction de l'heureux acheminement des travaux de la citadelle et il n'oubliait pas de rendre à son dévoué collaborateur la part d'éloges qui lui était due : « Rien, disait-il, dans une lettre au Ministre, du 18 juin 1669, n'est mieux conduit ni plus beau que toute cette maçonnerie : on n'y voit pas le moindre défaut. C'est ce qui me rend très content et satisfait de Vollant (1) ». Autour de lui, Vauban ne souffrait pas la plus petite négligence. « Pour empêcher la désertion des maçons qui me faisait enrager, écrivait-il à Louvois le 18 juin 1669, j'ai pris, sous votre bon plaisir, deux gardes de M. le Maréchal, des plus honnêtes gens, qui auront leurs chevaux toujours sellés dans la citadelle, avec chacun un ordre en poche et un nerf de bœuf à la main. Les soirs, on verra ceux qui manqueront; après quoi, dès le matin, ils iront les chercher au fond de leur village et les amèneront par les oreilles sur l'ouvrage (2) ».

---

(1) Vauban à Louvois, 18 juin 1669 (*A. H. G.*, vol. 242). — D'Humières faisait à M. de Montal, de passage à Lille, le 19 septembre 1669, les honneurs de la citadelle, et cet officier général, excellent juge en la matière, la trouvait « admirablement belle ». (D'Humières à Louvois, 20 septembre 1669, à Lille, *A. H. G.*, vol. 243.) — Le 13 octobre 1672, le sieur Goujon, chargé par Louvois de mesurer les travaux de la citadelle, écrivait au Ministre, de Lille : « Au reste, Monseigneur, j'ai trouvé des ouvrages bien dignes de vous et dont la beauté et la bonne conduite répondent assurément aux grands soins que vous en prenez, et je m'étonne que, dans un si grand ouvrage, fondé en un si mauvais terrain que celui-là, suivant le récit qui m'en a été fait, il soit au bon état qu'il est, n'y ayant pas la moindre fraction. L'on peut dire assurément que le sieur Vollant, outre le bon soin qu'il a, a beaucoup d'expérience et qu'une autre personne, quelque capacité qu'elle eût eue, n'ayant pas comme lui la connaissance des matériaux et du terrain du pays, n'y aurait pas si bien réussi que lui. L'on travaille à la continuation des voûtes de l'arsenal dont on fait à présent la ceinture... » (*A. H. G.*, vol. 295.)

(2) Vauban à Louvois, Lille, 18 juin 1668 (*A. H. G.*, vol. 227). — En vue de presser les travaux de la citadelle, d'Humières rendit, au mois d'avril 1669, une ordonnance pour interdire aux particuliers

Entrée principale de la Citadelle de Lille.

La paix d'Aix-la-Chapelle, signée le 2 mai 1668, avait définitivement attribué Lille à la France. Louvois s'empressa de récompenser d'Humières en lui confirmant le gouvernement de la ville de Lille, et Vauban en lui procurant celui de la citadelle (1). Ce fut une occasion, pour l'illustre ingénieur, de redoubler de soin et d'activité en faisant travailler avec une nouvelle ardeur à l'achèvement de son œuvre. « Je me ressens tellement obligé de la manière dont le commandement m'en a été donné, écrivait-il à son bienfaiteur, qu'en me faisant justice je crois sûrement y devoir faire le double de ce qu'un autre y ferait (2) ».

En 1670, la citadelle était sinon complètement achevée (il y manquait encore une grande partie des casernes, de l'arsenal et des bâtiments intérieurs), du moins la fortification proprement dite était en mesure de soutenir un siège. Quand Louis XIV, entouré d'une cour brillante où figuraient les trois reines, Marie-Thérèse, Mademoiselle de La Vallière, Madame de Montespan, vint, au mois de mai 1670, visiter, pour la première fois depuis la paix, les places de Flandre nouvellement réunies au royaume, il se plut à examiner à plusieurs reprises, pendant son séjour à Lille, la forteresse puissante que Vauban avait en quelque sorte fait surgir du sol. Pendant ce voyage, Madame partit de Lille pour Douvres avec mission de

---

tout ouvrage de maçonnerie dans la châtellenie de Lille. Cette défense ne fut entièrement levée qu'en juillet 1673.

(1) Gouverneur de la citadelle de Lille par provisions du 3 juin 1668, Vauban se démit de cette charge en devenant gouverneur de Douai au mois de décembre 1680. Ayant fait l'abandon du gouvernement de Douai en février 1683, il rentra en possession, par de nouvelles provisions du 12 janvier 1684, de celui de la citadelle de Lille, qu'il conserva jusqu'à sa mort.

(2) Vauban à Louvois (sans date), milieu de juin 1668. (*A. H. G.*, vol. 227.)

détacher le roi d'Angleterre, son frère, de la République des Provinces-Unies. L'orage qui menaçait la Hollande commençait à poindre à l'horizon. Vienne la guerre : non seulement la capitale de la Flandre était à l'abri de toute insulte, mais sa fière citadelle faisait encore d'elle le boulevard de notre frontière du Nord.

Trente ans plus tard, Vauban passait en revue son œuvre du début qu'il avait amenée presque à sa perfection, « à quelques souterrains près ». Il la déclarait pourvue des logements, casernes, corps de garde, arsenal, poudrières, moulins et boulangerie nécessaires, ainsi que d'un magasin inépuisable en fascines, palissades et affûts, grâce aux arbres dont ses remparts étaient abondamment plantés. Il lui reconnaissait la propriété de commander à la plaine environnante par 3 bastions et de tenir sous le feu de ses 2 autres bastions toutes les parties de la ville. Enfin il lui avait assuré l'avantage capital d'obliger l'ennemi à deux sièges au lieu d'un, car le terrain difficile, entrecoupé de fossés pleins d'eau où elle s'élevait, interdisait à l'assiégeant tous travaux d'approche contre elle du côté de la campagne et le forçait à se rendre maître d'abord de la ville. Aussi le grand ingénieur n'hésitait pas à proclamer la citadelle de Lille, avec ses cinq bastions royaux, ses vastes demi-lunes, ses fossés larges et profonds, son double chemin couvert, « la place la plus belle et la plus achevée du royaume (1) ».

---

(1) Mémoire de Vauban intitulé : État succinct des ville et citadelle de Lille par rapport à leur fortification et à l'attaque et défense. — Ce mémoire est reproduit plus loin.

CHAPITRE II

Vauban et l'agrandissement de la ville de Lille.

A la fin de 1669, Vauban soumet à Louvois un projet d'agrandissement de Lille. — Le Ministre se rend à ses vues. — Succès de cet agrandissement, qui justifie les prévisions de Vauban. — Sa franchise à l'égard de Louvois. — Son sentiment élevé de l'honneur.

Avec son intelligence profonde de la Flandre et de ses habitants, Vauban adresse, en 1671, à Louvois, une énergique protestation en faveur du maintien des Confréries ou Serments de Lille. — En 1685, la ville porte, de 33,000 à 63,000 florins, le subside qu'elle accordait pour l'achèvement de ses fortifications. — Vauban ne cesse de développer la puissance des remparts de Lille, auxquels il ajoute 4 grands ouvrages à cornes.

Il veut, en même temps, travailler à la prospérité de la ville et de notre frontière du Nord et forme, dès 1699, le projet d'un canal de jonction de la haute Deûle à la basse Deûle, d'un canal de Lille à Tournai et d'un canal de Lille à la mer.

En même temps qu'il présidait, sans compter ses autres travaux, à l'achèvement de la citadelle de Lille, Vauban trouvait encore le temps de concevoir et de réaliser un projet grandiose : celui d'étendre l'enceinte de Lille au Nord-Est et d'englober dans ses nouveaux murs le vaste faubourg de Saint-Pierre. La dernière guerre et la démolition de la plupart des 1,500 maisons des faubourgs avaient jeté dans la ville un brusque afflux de population, et cet accroissement démesuré n'avait pas été étranger à l'éclosion de la peste qui avait fait son apparition dans la cité même après le siège. Vauban se proposait de donner d'un seul coup une augmentation de superficie (1) de près d'un tiers à la ville qui étouffait

---

(1) Voir le croquis : Plan de la ville et de la citadelle de Lille.

dans ses murs; mais, en enfermant dans Lille ce faubourg, cette ville basse de Saint-Pierre, il n'abandonnait pas l'avantage de garder une large esplanade entre la ville et la citadelle, il trouvait le moyen de raccorder les fortifications de cette dernière avec celles de la place par deux murailles continues, l'une, plus rapprochée de la haute Deûle et dite communication du haut, l'autre, voisine de la basse Deûle et dite communication du bas; enfin il se réservait la possibilité d'édifier toute une fortification nouvelle sur le front même de l'enceinte qu'il savait le plus exposé à une attaque. Au mois de novembre 1669, il avait pris tellement à cœur la réalisation de cette entreprise qu'au dire de l'intendant de Flandre, M. Le Peletier de Souzy, « il ne bougeait plus de la basse ville de Saint-Pierre (1) ». Il en levait lui-même les plans, « tout de nouveau (2) », ses dessinateurs étant malades, et, maître de son sujet, sûr de ses calculs, il écrivait à Louvois le 21 novembre 1669 : « ... L'ordre que vous m'aviez donné de faire un projet pour le raccommodage de la ville basse m'a fait naître la pensée de vous en proposer un dessin plus parfait. Je suis sûr que vous n'aurez pas plus tôt jeté les yeux dessus que vous me traiterez de fol et d'impertinent, mais donnez-vous la peine de le considérer avec un peu d'attention. Peut-être y trouverez-vous quelque chose qui vous agréera. Rien ne vous presse, et la chose mérite bien qu'on se donne une année de temps pour en éplucher toutes les particularités. M. le maréchal d'Humières vous doit envoyer de grands mémoires là-dessus, et M. l'Intendant travaille aussi pour vous en faire, et peut-être que j'aurai l'honneur de vous envoyer aussi quelque chose des moyens

(1) Le Peletier de Souzy à Louvois, du 13 novembre 1669, à Lille (*A. H. G.*, vol. 244).
(2) Vauban à Louvois, 9 novembre 1669, à Lille (*A. H. G.*, vol. 244).

que je pourrai découvrir. En tout cas, il est bien certain que le moindre avantage qui en puisse revenir au Roi, c'est de faire les communications et dédommagements pour rien. Selon que le projet vous agréera, je m'efforcerai de le rendre plus parfait. J'ai levé le plan moi-même avec grand soin. C'est pourquoi vous pouvez compter juste là-dessus. Aussi m'a-t-il tenu bien longtemps... (1) ».

Vauban ne manquait pas d'arguments en faveur de son projet. « Rien, disait-il dans la même lettre, ne paraît plus nécessaire qu'une augmentation à cette place parce que la ville est si pleine et toutes les places tellement remplies par le propre nombre de ses habitants et par la ruine de ses faubourgs, qu'une partie des bourgeois sont obligés de loger aux caves, si bien qu'on n'y trouverait pas présentement place pour y bâtir un méchant couvert, et, s'il arrivait guerre, on ne pourrait réfugier les habitants de la campagne qui se trouveraient en plus grand nombre qu'autrefois à cause des villes de la Bassée et d'Armentières qui sont démolies, à moins que de les laisser sur les rues comme l'on a fait l'an 1642 qu'il y mourut 20,000 personnes sur le pavé, de misère et de pauvreté, faute de pouvoir être mis à couvert, de sorte qu'il semble être de toute nécessité de donner quelque élargissement à cette ville.

« Or, il n'y a point d'endroit plus propre à une augmentation que celui-ci, parce qu'il n'y en a point qui, avec si peu de circuit, puisse embrasser un si grand espace.

« Ni où la fortification puisse être si utile à la ville et à la citadelle, de qui elle serait aussi réciproquement mieux protégée qu'en aucun autre lieu.

« Point d'endroit mieux situé pour le commerce,

---

(1) *A. H. G.*, vol. 244.

d'autant que tout ce qui vient par eau passe par là et que l'une des principales portes a son chemin qui passe au milieu.

« Point d'endroit plus accommodé d'eau puisque, outre la rivière d'en bas (1), le Buquet (2) la traverse encore, qui ne manquerait pas d'attirer sur les bords force tanneurs, teinturiers et brasseurs de bières ».

Vauban évaluait la superficie de la nouvelle augmentation à 95,963 verges, la verge valant 100 pieds carrés. Il déduisait pour les fortifications 26,743 verges, pour les rivières 1,530, les rues et les places publiques 15,125. Restaient 52,562 verges de terrain propre à bâtir. L'ingénieur estimait que la verge pourrait se vendre au prix moyen de 25 florins, que le produit total de la vente des places atteindrait 1,314,125 florins, soit, en monnaie de France, 1,642,656 livres. En prélevant sur cette somme 160,000 livres pour le dédommagement des propriétaires de terrains, 746,296 livres pour les frais des communications et de la nouvelle enceinte, il resterait encore au Roi 736,360 livres, somme suffisante, d'après Vauban, pour faire face aux expropriations des terrains de la citadelle et permettre la construction de deux nouveaux bastions devant les portes de Fives et des Malades.

Louvois embrassa avec ardeur les vues de Vauban. « Rien n'est plus beau que la proposition que vous faites, lui écrivait-il le 25 novembre 1669. Il faut seulement bien examiner si les facilités que vous espérez de rencontrer à son exécution sont bien effectives, car je ne doute point que qui n'aurait que 100 verges de places propres à bâtir à vendre, l'on n'en trouvât facilement le débit à 50 florins, mais quand il y en a 40,000 ou 50,000,

---

(1) La basse Deûle.

(2) Petite rivière qui traversait les prairies de Lambersart et venait se jeter dans les fossés de la ville entre la porte de la Barre et la porte Saint-André.

et qu'il y a même une bonne partie le long des remparts et sur le bord de l'esplanade d'une citadelle, je ne crois pas qu'il suffise d'en diminuer le prix de moitié (1) ».

Le Ministre, d'accord avec l'intendant et le maréchal d'Humières, était persuadé que Vauban estimait trop haut, en le portant à 25 florins, le prix moyen de la verge. L'avenir se chargea bientôt de prouver la justesse des prévisions de l'ingénieur. Ce dernier n'avait pas été sans faire entrer en ligne de compte, dans ses calculs, le goût des Flamands, la « manie de ce peuple-ci pour le bâtiment, qui n'est pas soutenable (2) ». Le Magistrat de Lille (3), auquel l'intendant Le Peletier de Souzy et le maréchal d'Humières avaient habilement représenté les avantages de cet agrandissement, finit par offrir au Roi 200,000 florins sous la seule condition d'une augmentation de banlieue à son profit et de la jouissance, dans

(1) *A. H. G.*, vol. 239.

(2) Vauban à Louvois, lettre sans date, du milieu de juin 1668 (*A. H. G.*, vol. 227).

(3) Ce qu'on appelait le Magistrat de Lille se composait du rewart, des 12 échevins, des 12 du conseil, des 8 hommes, du procureur de la ville, des 2 greffiers, des 3 conseillers pensionnaires et de l'argentier.

Le premier des 12 échevins, venant après le rewart, prenait le nom de mayeur.

Les principaux membres du Magistrat se renouvelaient, le 1er novembre de chaque année, sous la présidence de 4 commissaires nommés par le Roi, dont le gouverneur et l'intendant de la province faisaient partie.

La châtellenie de Lille était administrée, sous le rapport des impôts et des finances, par les 4 baillis des seigneurs hauts justiciers : bailli du Roi pour la terre de Phalempin, du prince d'Epinoy pour sa terre de Cysoing, du comte d'Egmont pour sa baronnie de Wavrin et du prince de Chimay pour sa terre de Comines.

Quant aux États de la Flandre wallonne, ils étaient seulement composés des Magistrats des villes de Lille, Douai et Orchies, et des 4 baillis.

la nouvelle ville, des mêmes droits et privilèges qu'il exerçait dans l'ancienne (1).

Puis, en 1673, quand les travaux de la citadelle furent assez avancés pour que l'intendant de Flandre, Le Peletier de Souzy, permît aux maçons de la châtellenie de recouvrer leur liberté d'action, les constructions, à l'intérieur de la nouvelle enceinte, prirent un rapide essor.

Les rues droites, spacieuses, bordées en plusieurs endroits d'hôtels somptueux, lui donnèrent bientôt un aspect de richesse qui contrastait avec les anciens quartiers de la ville où la plupart des habitations étaient

(1) C'est le 23 avril 1670 que fut signé, à Saint-Germain-en-Laye, le traité réglant les « Points et articles accordés par Sa Majesté à la ville de Lille à cause de l'agrandissement d'icelle ». Ce traité a été imprimé à Lille chez Nicolas De Rache, imprimeur ordinaire du Roi, à l'enseigne de la Bible d'Or, en 1670 (Archives de la ville de Lille, carton 14). Par ordonnance du 1er mars 1671, l'intendant Le Peletier de Souzy désigna Simon Vollant « pour, à la réquisition des propriétaires et nouveaux acquéreurs des héritages situés dans ladite nouvelle enceinte, faire le mesurage desdits héritages... » (Arch. de la ville de Lille, carton 15).

En échange des avantages octroyés au Magistrat, l'intendant et le maréchal d'Humières avaient réclamé 200,000 florins pour le Roi. Ils conduisirent à une heureuse et rapide issue les négociations engagées à cet effet avec les représentants de la ville qui n'avaient d'abord offert que 150,000 florins. Le 6 décembre 1669, d'Humières mandait à Louvois qu'il avait « pris jour, avec l'intendant, à demain pour déclarer à MM. du Magistrat les intentions du Roi sur le désir que Sa Majesté a d'augmenter leur ville comme une chose qui leur doit être très avantageuse. C'est le premier pas qu'il faut faire... ». Le 12 décembre, le maréchal voyait les choses si bien disposées du côté du Magistrat qu'il était persuadé qu'on en pourrait tirer 200,000 florins « en ne leur accordant pas même tout à fait ce qu'ils proposent, quoiqu'il n'y paraisse rien d'extraordinaire... ». Le 14 décembre 1669, il annonçait à Louvois que le Magistrat offrait jusqu'à 180,000 florins. Enfin, le 23 décembre 1669, il rendait compte au ministre que le Magistrat avait porté son offre à 200,000 florins. (Correspondance du maréchal d'Humières avec Louvois, manuscrit franç., n° 11227, de la Bibl. Nat.).

encore à pans de bois. En quatre années, les fortifications de la ville neuve étaient « faites entièrement », et Vauban, qui ne l'avait vue depuis un an, la trouvait au mois de juillet 1674, comme il le mandait à Louvois, « très considérablement augmentée de jolies maisons et grande quantité d'ouvriers occupés çà et là à en bâtir d'autres. Vollant m'a assuré, et M. l'Intendant après lui, qu'on tirerait plus de 800,000 livres de la vente de ces places, ce qui, joint à la beauté et à l'excellence de ses fortifications, devrait bien m'avoir acquis de quoi faire un jardin, à moi qui, sans vanité, puis dire être l'auteur d'un si bel ouvrage. J'ai voulu autrefois y acheter des places pour 10,000 livres, qui m'en auraient valu présentement plus de 50,000, et cela aurait fort accommodé un homme comme moi qui n'a pas plus de bien qu'il ne lui en faut. Vous ne le voulûtes pas, Monseigneur, fondé peut-être sur des soupçons fort injustes et fort éloignés de ma façon de vivre. Présentement que, par la vente de vos meilleures places et par l'achèvement de vos ouvrages, vous n'aurez plus lieu de craindre que je vous dérobe rien, je prends la liberté de vous en demander 400 verges, équivalant à un carré qui aurait 30 1/2 toises de face. Comme ce n'est que pour faire un jardin, je me contenterais de l'avoir aboutissant sur l'esplanade de la citadelle et de celles dont le prix est taxé à 7 ou 8 livres au plus, car je ne veux être à charge au Roi ni que cela me puisse tenir lieu d'un bienfait considérable. Au reste, si vous n'avez pas la bonté de m'en donner, j'en passerai mon envie à mes dépens, car enfin j'ai fantaisie d'avoir un jardin et il faut que je la passe (1) ».

Louvois s'empressa de faire obtenir à Vauban cette satisfaction et de donner ordre à l'intendant de réserver 400 verges, au choix de l'ingénieur, parmi les terrains

(1) Vauban à Louvois, Lille, 14 juillet 1674 (*A. H. G.*, vol. 405).

aboutissant à l'esplanade. Il prévint en même temps ce dernier que Sa Majesté voulait bien « encore faire la dépense des murailles pour enfermer ce carré (1) », et son heureuse entremise lui valut cette réponse, pleine des sentiments de gratitude de Vauban : « Je vous rends mille grâces, Monseigneur, et vous fais mes très humbles remerciements avec d'autant plus de sincérité et de satisfaction que je ne vous avais demandé qu'un jardin, et vous m'avez fait donner le jardin et de quoi le fermer. Je vous laisse le soin d'en faire mon remerciement au Roi comme vous avez eu celui de le lui demander. Quant à la beauté du jardin, ne doutez pas que je ne le fasse ajuster comme il faut et que je ne le mette en état d'y rêver agréablement... (2) ».

---

(1) Louvois à Vauban, Versailles, 20 juillet 1674 (*A. H. G.*, vol. 370).

(2) Vauban à Louvois, Douai, 25 juillet 1674 (*A. H. G.*, vol. 405).

Dans ce jardin, Vauban a sans doute rêvé à ces *Oisivetés* aujourd'hui encore si fécondes en enseignements, à cette *Dîme Royale*, sa préoccupation capitale durant les quinze dernières années de sa vie, comme le prouve cette belle lettre qu'il écrivait, le 18 juin 1700, au marquis de Torcy et que nous avons été heureux de retrouver aux archives du ministère des Affaires étrangères (France, Mémoires et Documents, vol. 305) : « ... Il y avait longtemps que j'étais obsédé d'une folie, sur laquelle j'avais souvent médité sans dessein de m'en corriger; ne pouvant donc plus résister à la tentation, j'y ai succombé et j'y ai travaillé avec une assiduité aussi continuelle que mes autres affaires me l'ont pu permettre pendant tout le temps que je ne vous ai point écrit. Je n'en suis pas même encore bien quitte, car tous les jours j'y ajoute et fichonne quelque chose. Cette folie, dont je suis le père et le parrain, s'appelle « Projet de conversion de la « taille, des aides et des douanes provinciales, capitation, affaires « extraordinaires, octrois, courtages, jaugeages et plusieurs autres « droits onéreux et la plupart arbitraires, en une *Dîme Royale* et « mobile, selon les besoins de l'État », qui doit s'étendre sur tout ce qui porte revenu dans le royaume, de quelque nature qu'il puisse être, sans exception de grands ni petits, pas même du Roi, en sorte que M. l'ambassadeur de France chez les louables Cantons payerait la dîme de tous ses bons vins, de ses appointements, pensions, etc.,

On voit, par ces citations, l'abandon plein de confiance auquel Vauban se laissait aller dans sa correspondance avec Louvois. A ce ton plein de verve, il alliait une franchise toute primesautière qui se dégageait de ses paroles

---

de même que le sieur de Vauban et tous autres sujets de pareille étoffe, même les domestiques du royaume à compter depuis le dernier marmiton jusques aux capitaines des gardes du Roi, afin que nul ne soit exempt, de quelque qualité que ce puisse être, ce qui comprend tous les ecclésiastiques, nobles et roturiers de toutes espèces, même le Roi et tous les princes, et tout cela par le moyen de cette dîme qui établit un tribut sur tous les revenus de la terre, de même que sur l'industrie des hommes, par une proportion simple, naturelle, certaine et aussi bien prouvée qu'une démonstration de géométrie, moyennant quoi l'État, de fort malade et languissant qu'il est, dans peu se porterait à merveilles.

« Incrédule comme vous êtes, Monsieur, vous vous moquerez sans doute de ma proposition, et ne manquerez pas de dire : « Diable soit « du fol, et du fol encore » ! Fol tant qu'il vous plaira, Monsieur. J'ai bien prévu tous ces titres-là et plusieurs autres encore pires, mais ils ne m'ont pas empêché de passer outre. J'en ai présenté le système au Roi à qui je l'ai lu, en 3 soirées de deux heures et demie chacune, avec toute l'attention possible. Sa Majesté, après plusieurs demandes et réponses, il (*sic*) a applaudi. M. de Chamillart, à qui j'en ai donné une copie, l'a aussi lu, de même que M. le premier président, à qui je l'ai aussi fait voir tout du long. Je ne me suis pas contenté de cela. Je l'ai recommandé au Roi de vive voix et surtout d'en faire faire l'expérience sur quelques-unes des plus petites Elections du royaume, ce que j'ai répété plusieurs fois et fait la même chose à M. de Chamillart. Bref, j'ai cessé d'en parler au Roi et à son ministre par leur en écrire à chacun une belle et longue lettre bien circonstanciée avant que partir pour me rendre ici, où, me trouvant éloigné du bruit et plus en repos, j'y ai encore travaillé de sorte qu'à moi, pauvre animal, cela ne me paraît pas présentement trop méprisable. Voilà, Monsieur, ce qui a rempli tous mes vides, depuis 6 mois, et ce qui m'a fait suspendre le commerce que nous avons ensemble, espérant que vous auriez assez d'indulgence pour moi pour me le pardonner en faveur de ce mauvais système qui pourrait bien devenir bon si on en faisait usage, mais j'oserais bien parier, contre qui voudra, qu'il ne sera jamais exécuté. Aussi je serai justement puni du temps que j'y aurai perdu sans que vous vous en mêliez. Parlons d'autre chose.... ».

et de ses actions. Comme il ne savait point farder la vérité, il possédait aussi au plus haut degré le sentiment de l'honneur et n'y souffrait pas la moindre atteinte. Les soldats qui avaient été employés à l'excavation des fossés de la nouvelle enceinte de Lille s'étant plaints de retenues injustement opérées sur leur salaire par les entrepreneurs des travaux, Louvois fit un reproche à Vauban de ne lui avoir point signalé ces abus. Il lui écrivit le 4 décembre 1671 : « J'ai vu des officiers des régiments qui viennent de partir de Lille, qui se sont extrêmement plaints des injustices que l'on a faites à leurs soldats dans les toisés, lesquelles ils prétendent être en état de prouver n'avoir point tourné au profit du Roi, mais bien de ceux qui conduisent les travaux. Et lorsque je leur ai demandé si vous n'en aviez point connaissance, ils m'ont dit que vous n'en disconviendriez pas si je vous le demandais, ce qui m'oblige à vous faire reproche de ce qu'il s'est passé quelque chose dont vous ne m'avez pas informé et vous prier, aussitôt ma lettre reçue, de me faire savoir la vérité de tout... (1) ».

Nous n'avons pas besoin de justifier Vauban de pareilles imputations, mais nous regretterions, pour sa mémoire, qu'elles ne se soient point produites, car, en donnant libre cours à son indignation et en refusant de se laisser effleurer par de pareils soupçons, il a atteint cette sublimité d'accents qui fait que l'honneur semble parler par sa bouche et que sa protestation, vibrante de noblesse et de fierté, égale les plus belles pages de nos grands écrivains. Quoique cette vigoureuse riposte ait été déjà citée, nous nous permettrons de la reproduire, car elle se rattache étroitement à notre sujet : « ... La vôtre du 4, Monseigneur, m'apprend les plaintes que des officiers venant de Lille vous ont faites sur l'injustice qu'ils prétendent avoir été faite à leurs soldats. C'est une chose

(1) *A. H. G.*, vol. 257.

dont je n'ai garde de vous avoir averti puisque je n'en ai rien su; mais, comme depuis la distribution du travail de Lille aux troupes à peine y ai-je demeuré la valeur de quinze jours en tout, il se peut fort bien faire qu'il y ait eu des malversations dont je ne me suis pas aperçu, soit par la friponnerie des entrepreneurs qui ordinairement font les toisés des tâches qu'ils distribuent aux soldats, ou par celle même des gens qui conduisent les ouvrages, qui ne peuvent être autres que Montgivrault et Vollant. C'est pourquoi il est de la dernière conséquence d'approfondir cette affaire, tant à l'égard du préjudice que le service du Roi peut en recevoir (si ces messieurs ont dit vrai), que de la justice que vous devez à ceux qui, pour faire leur devoir trop exactement, sont injustement calomniés.

« Recevez donc, s'il vous plaît, toutes leurs plaintes, Monseigneur, et les preuves qu'ils offrent de vous donner; que, si vos grandes affaires vous occupent trop, commettez-y quelque honnête homme qui examine bien toutes choses à fond et qui vous en rende compte après; car, encore une fois, il est de la dernière conséquence d'approfondir cette affaire. Ne craignez point d'abîmer Montgivrault et Vollant s'ils sont trouvés coupables : je suis bien sûr qu'ils n'appréhendent rien là-dessus; mais, quand cela serait, pour un perdu, deux recouvrés.

« Quant à moi qui ne suis pas moins accusé qu'eux et qui, peut-être, suis encore plus coupable, je vous supplie et vous conjure, Monseigneur, si vous avez quelque bonté pour moi, d'écouter tout ce que l'on vous pourra dire contre et d'approfondir afin d'en découvrir la vérité; et, si je suis trouvé coupable, comme j'ai l'honneur de vous approcher de plus près que les autres et que vous m'honorez d'une confidence plus particulière, j'en mérite une bien plus sévère punition. Cela veut dire que, si les autres méritent le fouet, je mérite du moins la corde; j'en prononce moi-même l'arrêt, sur lequel je ne veux ni quartier ni grâce. Mais aussi, si mes accusateurs ne peuvent pas prouver ou qu'ils prouvent mal, je prétends que l'on exerce sur eux la même justice que je demande pour moi. Et sur cela, Monseigneur, je prendrai la liberté de vous dire que les affaires sont trop avancées pour en demeurer là, car je suis accusé par des gens dont je saurai le nom, qui ont semé de très méchants bruits de moi, si bien qu'il est nécessaire que j'en sois justifié à toute rigueur. En un mot, Monseigneur, vous jugez bien que, n'approfondissant point cette affaire, vous ne me sauriez rendre justice; et, ne me la rendant point, ce serait m'obliger à chercher les moyens de me la faire moi-même et d'abandonner pour jamais la fortification et toutes ses dépendances. Examinez donc hardiment et sévèrement, bas toute tendresse; car j'ose bien vous dire que, sur le fait d'une probité très exacte et d'une fidélité sincère, je ne crains ni le Roi, ni vous, ni tout le genre humain ensemble. La fortune m'a fait naître le plus pauvre gentilhomme de France; mais, en récompense, elle m'a honoré d'un cœur sincère, si exempt de toutes sortes de friponneries qu'il n'en peut même souffrir l'imagination sans horreur, et là-dessus je suis, Monseigneur, avec le plus profond respect du monde, votre très humble, très obéissant et obligé serviteur.

« VAUBAN ».

« Je vous supplie très humblement, Monseigneur, de ne point rudoyer les officiers, mais de les écouter doucement et même de les flatter jusqu'à ce qu'ils aient fourni toutes les preuves dont ils se sont vantés; car il me semble que vous n'avez pas de plus grand intérêt que de donner occasion à tout le monde, par votre facilité, de vous dire tout ce qui concernera le service du Roi et de les mettre sur le pied de n'oser jamais vous dire que des vérités.

« Et, afin de donner aux accusateurs de la toise tout l'avantage qu'ils sauraient désirer pour fortifier leur accusation, je vous donne ma parole de n'en pas dire un mot à ceux qui peuvent y être intéressés, comme à M. l'Intendant, Montgivrault, Vollant, les entrepreneurs, etc., de peur qu'ils ne s'y préparent (1) ».

Nous avons cherché vainement la réponse de Louvois à cette lettre de Vauban du 15 décembre 1671. Comme le Ministre quitta Versailles le 2 décembre pour se rendre en Flandre, il est probable qu'une explication de vive voix mit fin à l'incident à la satisfaction des deux parties car la correspondance du Ministre et de l'ingénieur reprit, au début de l'année suivante, son ancien caractère de mutuelle confiance dont elle ne devait plus se départir.

Les bourgeois de Lille avaient pris une part active à la défense de leur ville en 1667. Les Serments, c'est-à-dire les quatre Confréries des archers, des arbalétriers, des tireurs d'épée et des canonniers, s'y étaient distingués entre tous, et, dès la réunion de Lille à la France, Louvois ne manqua pas de proposer à d'Humières le désarmement des bourgeois, des quatre Serments en particulier. Loin de partager l'opinion du Ministre, Vauban se prononça énergiquement pour le maintien de ces confréries dans une cité aussi imbue de la vie communale et aussi jalouse de ses privilèges que Lille. Avec son intelligence profonde de la Flandre et de ses habitants, il voyait, au contraire, dans le rétablissement des quatre Serments, un excellent moyen de concilier au Roi les habitants de Lille, ses nouveaux sujets.

Plus d'une fois déjà, il avait, dans ses conversations avec le maréchal d'Humières et Louvois, exposé les avan-

(1) Vauban à Louvois, 15 décembre 1671, de Douai (*A. H. G.*, vol. 262).

tages que procurerait au Roi la remise sur pied des Serments, mais ni d'Humières, ni Louvois, ni Vauban lui-même, ne s'étaient arrêtés longuement à ce projet. Dans un voyage de Lille à Audenarde, accompli au début d'octobre 1671 en compagnie du gouverneur de Lille, Vauban insista plus vivement sur l'opportunité de ce rétablissement et n'eut point de peine à gagner à sa cause le maréchal. Un autre vaillant soldat, du Metz (1), qui avait encore présents à la mémoire les ravages exercés dans les batteries françaises par le feu des Serments de Lille, avait aussi parlé au maréchal dans le même sens. Dès son retour, d'Humières écrivait à Louvois, le 4 octobre 1671 : « ... Il y a ici une chose de laquelle j'ai eu déjà l'honneur de vous parler et que je crois qu'il est très nécessaire de rétablir, qui est les 4 compagnies de bourgeois de cette ville qu'ils appellent les Serments. Ce sont des gens qui peuvent fort servir, principalement pour l'artillerie, comme il a bien paru au siège. M. du Metz m'en a parlé : les capitaines le souhaitent. Ils prêteront un serment particulier à l'ordinaire. Je vous supplie de me mander si vous ne le trouvez pas bon (2) ».

---

(1) Avec le marquis François de la Frézelière, le meilleur artilleur de son temps, l'un des auxiliaires les plus précieux de Louvois pour l'organisation des troupes et du matériel de l'artillerie. Une horrible blessure, que lui avait causée un éclat de palissade emporté de plein fouet par un boulet au siège de Saint-Venant, en 1657, lui avait fait perdre un œil et lui avait enlevé la moitié du visage. Au siège de Lille, dit Pinard, dans sa *Chronologie*, « il fit dresser une batterie près de la contrescarpe : de 80 Suisses qu'il y employa, il en vit tuer ou blesser dangereusement 70 à ses côtés ». C'était d'ailleurs un petit homme d'une grande bravoure, d'une santé de fer, d'une activité extraordinaire. Désigné, dit-on, aux ennemis par l'énorme emplâtre qui lui couvrait presque toute la figure, il fut tué à Fleurus, en 1690, d'un coup de mousquet. Louis XIV témoigna publiquement un sincère regret de sa mort.

(2) *A. H. G.*, vol. 260. — On remarquera que le nom de Vauban, le véritable instigateur du projet, comme on le verra plus loin, n'est

Sans doute Louvois, qui avait ce rare mérite de ne jamais se prononcer qu'en connaissance de cause, demanda au maréchal d'amples éclaircissements sur cette institution des Serments, car, le 14 octobre 1671, d'Humières lui adressait cette lettre : « ... Je suis bien aise de vous informer exactement de tout ce qui regarde les fonctions et les privilèges des 4 compagnies de Serments. J'en attends des mémoires, ce qui m'empêche de vous en rendre compte dès à cette heure. Je m'en suis entretenu avec M. de Vauban qui est persuadé, aussi bien que moi, qu'elles peuvent être fort utiles en de certains temps... (1) ».

Vauban venait de passer quelques jours à Lille. Il en partait bientôt pour examiner les travaux de Douai, et, de cette ville, il écrivait à Louvois, le 17 octobre 1671, une longue lettre où, avec sa verve habituelle, il abordait les sujets les plus variés. S'arrêtant un instant aux Serments de Lille, il disait : « ... J'ai autrefois eu l'honneur de vous proposer de remettre les quatre Serments de Lille comme un moyen très propre à concilier au Roi l'esprit de la bourgeoisie et à vous assurer du dedans de la ville. J'en ai parlé aussi à M. le Maréchal qui, comme vous, n'y fit pas grande réflexion sur l'heure. Depuis, et spécialement au voyage d'Audenarde, nous en parlâmes plus à fond, et il est convenu que ce serait un moyen très excellent pour contenir les habitants en tout temps, et que même au besoin on en pourrait tirer un très bon service. C'est à lui à rechercher et vous proposer les voies les plus convenables pour parvenir à cette fin et à vous, Monseigneur, d'y donner tel ordre que vous jugerez bon pour le service du Roi. Nous nous devions assembler

---

point prononcé dans cette lettre, écrite aussitôt après le voyage d'Audenarde.

(1) *A. H. G.*, vol. 260.

chez lui pour en dresser quelques mémoires, mais je crois qu'il ne s'en est pas souvenu. Quoi qu'il en soit, ce parti est bien plus sûr, bien meilleur et plus honnête à prendre que celui de désarmer les bourgeois comme il m'en a parlé, qui est une chose dont je ne serai jamais d'avis pour bien des raisons qui seraient trop longues à déduire ici... (1) ».

En même temps, Vauban faisait parvenir au maréchal d'Humières un mémoire où il avait condensé ses arguments en faveur du rétablissement des confréries et indiqué les bases sur lesquelles ce rétablissement pouvait s'accomplir. Après avoir gardé ce mémoire quelques jours, pour en examiner les articles et les apostiller de sa main, d'Humières le transmettait à Louvois le 28 octobre 1671 : « ... Je n'aurais pas été si long à vous envoyer le mémoire que vous m'avez demandé concernant le rétablissement des 4 compagnies de Serments de cette ville, si M. de Vauban ne m'avait témoigné qu'il était bien aise d'en examiner les moyens et d'en faire un projet. Je vous envoie, Monsieur, celui qu'il a dressé lui-même. J'y ai mis les apostilles que j'ai crues nécessaires, qui vous informeront particulièrement de leurs privilèges et fonctions. Il est toujours dans le sentiment qu'elles peuvent servir très utilement en cas de besoin. Vous ordonnerez, s'il vous plaît, ce que vous trouverez bon que l'on fasse là-dessus. Je suivrai ponctuellement vos intentions ».

Il suffira de lire ce mémoire de Vauban (2) pour se

(1) Vauban à Louvois, Douai, 17 octobre 1671 (*A. H. G.*, vol. 262).

(2) Nous l'avons publié en 1901, mais cette édition est aujourd'hui épuisée. Nous y adressions nos remerciements à M. le lieutenant-colonel de Rochas d'Aiglun qui a étudié avec tant d'autorité cette attachante figure de Vauban et qui avait bien voulu nous signaler l'existence de ce mémoire du célèbre ingénieur, qui touche de si près à l'histoire de Lille et à celle de son bataillon de canonniers sédentaires, glorieux

convaincre, une fois de plus, de l'étendue et de la richesse de ses vues, de l'attachement qu'il portait déjà, en 1671, à la Flandre et à ses habitants, attachement que l'on voit grandir pendant sa longue carrière, car cet homme de bien et cet ardent patriote se révèle animé chaque jour d'un plus vif désir de servir les intérêts de la Flandre et de lui faire aimer son nouveau souverain.

Avis du sieur de Vauban sur le rétablissement des quatre Serments de Lille.

1

Dans toutes les confréries ou sociétés militaires de bourgeois qui se font dans les grandes villes ou qui se remettent, il me semble que la première chose à laquelle même on doive avoir égard, après Dieu et l'intérêt du prince, est le bien de l'Etat. C'est pourquoi, dans la conjoncture qui se présente de rétablir les quatre compagnies de Serments de Lille, il est bon que le premier objet de leur société soit attaché à quelque dévotion particulière, pour laquelle même on doit faire des instituts s'il n'y en a point d'établis. Les plus grands politiques du monde s'en sont servis avec adresse et s'en sont bien trouvés, parce qu'elle inspire de la vénération et de l'amour pour le service du

Le premier point de l'ancienne institution de ces quatre compagnies est la dévotion, chacune à son patron : celle des canonniers, à sainte Barbe : celle des arbalétriers, saint Georges ; celle des archers, saint Sébastien, et celle des tireurs d'armes, saint Michel (1).

héritiers de la Confrérie de Sainte-Barbe, et, par elle, des quatre Serments.

Aujourd'hui nous sommes heureux d'applaudir aux deux beaux volumes que M. de Rochas vient de publier sous ce titre : *Vauban, sa famille, ses écrits*, qui contribueront à faire mieux connaître et aimer ce grand Français.

(1) Cette apostille et les suivantes sont du maréchal d'Humières.

prince, et se fait un cas de conscience de lui garder fidélité.

Les connétables et les officiers subalternes des dites quatre compagnies subsistent encore. Chaque compagnie, par ses anciens privilèges, a droit de nommer à la pluralité des voix les officiers subalternes, qui le sont à vie. Il faut ajouter la clause qu'ils auront l'agrément du gouverneur, sans quoi ils ne seront pas admis, et sur quoi il n'y aura nulle difficulté.

2

Après le culte divin établi, on doit considérer quelle utilité le public en peut retirer et surtout l'exercice que le prince en peut exiger, sans quoi telles sociétés seraient pernicieuses. C'est pourquoi, avant que de procéder à leur établissement, il est bon de se donner le temps de digérer cette pensée, d'y prendre garde de près, et, après qu'on aura résolu le dit rétablissement, la première chose qu'on doit observer, c'est de bien choisir les officiers, et de prendre garde que ce soit des plus honnêtes gens de la ville et des mieux intentionnés.

Il faut les choisir gens sans reproche. Le Roi mettra chaque compagnie à tel nombre qu'il lui plaira, mais, pour en tirer un bon service, elles ne peuvent être moins de 100 hommes chacune.

3

De prendre garde aussi au choix des gens dont on les remplira, que ce soient gens sans reproche et de bonne vie. Il faudrait que les dites compagnies fussent, si faire se pouvait, de 150 à 200 hommes, ou tout au moins de 100 chacune.

Il est nécessaire de leur donner des drapeaux aux armes de France et l'image du saint de chaque compagnie, confirmer leurs privilèges et ne point changer leur marche.

4

Que le Roi leur donnât des drapeaux, confirmât leurs privilèges et les augmentât.

Chacune des dites quatre compagnies avait tous les dimanches quatre lots de vin. Il y avait dans

5

Que le nombre des payes fût aussi grand que celui des hommes, et qu'au lieu de 3 florins

celle des canonniers 80 hommes qui avaient chacun 52 patards par an, et 30 dans chacune des trois autres à la même solde. Le reste, au-dessus de ce nombre, n'avait rien. Il serait à propos de leur donner à tous la même paye. Cela irait à peu de chose. Il serait même bon d'augmenter cette solde et doubler le vin. Cela apparemment les engagerait davantage et attirerait leur inclination. On croit que le magistrat y consentirait aisément.

5 patards (1) qu'on leur donne par an, elle fût augmentée jusqu'à 4; que le vin accordé à chaque compagnie tous les dimanches leur fût confirmé et même augmenté d'une couple de lots (2). Ce serait encore mieux fait de le doubler.

6

L'exemption de maltôte pour le vin et la bière leur est accordée par leurs anciens privilèges et en jouissent encore à présent.

Que les officiers eussent le vin de leur provision sans maltôte; que, dans les élections des magistrats, il y eût toujours quelqu'un des plus honnêtes gens de chacune de ces compagnies.

7

Il y a présentement trois connétables qui sont des principaux du Magistrat.

Qu'on les favorisât en d'autres petites rencontres dans les différents emplois qui se rencontrent par la ville.

8

Les officiers seulement peuvent porter l'épée.

Qu'ils eussent permission de porter l'épée.

9

Bon.

Qu'arrivant démêlé d'un serment avec un soldat, le différend fût terminé comme de soldat à soldat, et non pas comme de bourgeois à soldat.

(1) Le florin valait 1 livre 5 sols; il se divisait en 20 patards.
(2) Le lot valait un peu plus de 2 litres.

10

Que le gouverneur de la ville fût général ou colonel né de ces quatre compagnies.

Le gouverneur a de tout temps été colonel de ces compagnies.

11

Je trouverais même fort à propos de leur créer un major, qui aurait les mêmes privilèges que les capitaines.

Il est important, pour bien des raisons, de créer un major qui ne serait pas à la charge des confrères pour éviter la difficulté qu'ils pourraient faire d'y consentir parce qu'ils sont obligés de payer certains droits aux officiers, comme d'assister à la reddition des comptes des compagnies.

12

Il faudrait le choisir homme d'esprit, accrédité, et surtout bien intentionné, et qui eût servi s'il était possible.

13

On pourrait encore y ajouter d'autres petits avantages honoraires qui ne préjudicieraient en rien au public ni au service du Roi.

Bon.

14

Il est de grande conséquence de dresser un formulaire du serment qu'on leur fera prêter, par lequel il soit spécifié qu'ils promettent à Dieu et au Roi de vivre et mourir dans la religion catholique, apostolique et romaine.

Ils ont un serment qu'ils ont déjà prêté, auquel on ajoutera ce qui sera jugé à propos.

15

De servir fidèlement le Roi envers et contre tous, en tout ce qui leur sera commandé par le gouverneur

Bon, à la réserve qu'on ne croit pas qu'ils dussent aller dans les dehors.

ou commandant de la place dans l'enclos de la ville et de ses dehors, de l'avertir au plus tôt de toutes les choses qui se pourraient brasser contre le service de Sa Majesté et qui viendraient à leur connaissance.

16

Après cela, on pourrait spécifier toutes les autres fonctions obligatoires dans l'écrit qui se dresserait de l'institution ou du rétablissement de ces compagnies : comme d'être obligés de se trouver en armes au rendez-vous qui leur serait ordonné par le gouverneur, à toutes les alarmes, feux de méchef, pillages, tumultes, sédition populaire ou de soldats, et même quand il serait question de faire quelque exécution de justice éclatante et extraordinaire.

Bon.

17

Dans les jours de solennité, ils accompagneront le gouverneur et le magistrat, et marcheraient en armes, selon leur rang, à toutes les grandes processions pour empêcher et prévenir les désordres qui s'y pourraient commettre.

Ils ont accoutumé d'aller au-devant des princes et aux grandes processions. Il est à remarquer qu'étant tous gens de travail ils ne seraient pas bien aises qu'on leur fît prendre souvent les armes hors de certains jours de fête.

18

Quand on leur donnera un rendez-vous en cas d'alarmes, il ne faut pas que ce soit sur la grande place ni sur le rempart, mais dans les autres petites places ou carrefours et que les compagnies soient toujours séparées l'une de l'autre d'une distance considérable. Et quand on voudra les faire aller au rempart, les canonniers ne pour-

Bon. Elles ont pratiqué par le passé ce qui est dans cet article.

ront manquer de se répandre à toutes les batteries et de se mêler avec les Français qui s'y trouveront, mais il sera bon de séparer les trois autres l'une de l'autre avec des Français entre deux, et de leur donner toujours le poste le moins attaquable et le plus inaccessible de la ville à garder.

19

Bon.

Selon et à mesure que la confiance s'établira parmi ces compagnies, on pourra faire prendre des armes à feu aux trois qui n'en ont point, et je les trouverais moins à craindre en cet état qu'avec des hallebardes. Toutefois, si on trouve à propos de leur donner de ces dernières armes, on pourrait les employer pendant un siège à la garde et à la voiture des munitions mais non pas à la garde des magasins à poudre, à faire souvent patrouilles par la ville pour empêcher les émotions du peuple et même les désordres des soldats, pour prendre garde au feu et à mille autres choses où ils seraient de grande utilité et épargneraient bien du monde, qu'il y faudrait employer à leur défaut.

20

On les ménagerait prudemment autant qu'on pourrait.

Une chose à quoi il faudrait prendre garde dans la dispersion de leurs postes, c'est de s'y gouverner assez adroitement pour ne leur pas donner à connaître que l'on eût la moindre défiance d'eux, car il n'y a rien qui choque et qui dégoûte plus un honnête homme que de lui témoigner par quelque action qu'on ne se fie pas en lui.

21

Ils ont de tout temps été exempts de guet et de garde.

On ne saurait mieux faire que de les exempter de guet et de garde. Ils en seront plus libres et mieux en état de se trouver à tous les accidents et autres cas surprenants et imprévus où l'on pourrait avoir besoin d'eux.

22

Bon.

La première utilité qui reviendrait au Roi du rétablissement de ces compagnies serait de s'en faire autant de sujets fidèles, qui s'y trouveraient étroitement obligés par ses bienfaits et par leurs serments dont ils sont assez exacts observateurs en ce pays ici.

23

Bon.

Ces gens là, étant prévenus d'un bon sentiment pour le service du Roi, l'inspireraient insensiblement à leurs familles, parents et amis.

24

Bon.

Comme ils seraient répandus par toute la ville et mêlés par tous les corps d'icelle, il serait presque impossible qu'il s'y pût rien passer de préjudiciable au service de Sa Majesté que quelqu'un d'entre eux n'en eût connaissance, auquel cas, si tous n'avaient pas le respect et la considération dus à l'obligation de leur serment, il serait impossible du moins que la plus grande partie ne s'en acquittât et n'en avertît le gouverneur. Ce point est d'une merveilleuse considération dans une grande ville depuis peu conquise, qui a encore ses correspondances et ses habitudes toutes entières avec ses anciens maîtres, avec lesquels on est tous les jours en état de se brouiller.

25

Bon.

Le rétablissement de ces compagnies, anssi avantageux que je le propose ici, serait d'une bonne odeur dans la ville, qui tirerait avantage et prendrait en très bonne part la confiance que le Roi commencerait à prendre en ses bourgeois.

26

Cette somme est si médiocre qu'on ne croit pas qu'elle doive empêcher ce rétablissement, quand même la dépense se ferait aux dépens du Roi.

La dépense en serait très peu considérable au Roi puisque, si les quatre compagnies sont seulement de 100 hommes chacune, on en sera quitte pour 2,000 francs par an. Et supposé qu'on doublât le vin qu'on a accoutumé de leur donner, le tout n'irait qu'à 1,600 lots. Je ne comprends pas ici celui que les officiers prendraient sans payer de maltôte, qui se pourrait régler à une certaine quantité qui n'irait qu'à fort peu de chose. Il faudrait être ponctuel à ce petit payement et le faire faire honnêtement, parce que les gens de ce pays croient volontiers que l'obligation ne va guère au delà de tant tenu tant payé.

Fait à Douai, le 19e octobre 1671 (1).

VAUBAN.

---

(1) *A. H. G.*, vol. 262.

Nous n'avons pu, malgré nos recherches, découvrir l'accueil que Louvois a fait à ce mémoire de Vauban. Dans ses réponses à l'ingénieur et à d'Humières, du milieu et de la fin d'octobre 1671, le Ministre passe entièrement sous silence la question des Serments de Lille. Peut-être (ce n'est là qu'une hypothèse), comme il attendait impatiemment de visiter les places de Flandre en décembre 1671, s'est-il réservé d'étudier la question à Saint-Germain, puis de la résoudre sur place, lors de son passage à Lille. On peut croire toutefois que les raisons probantes, mises en avant par Vauban, ne sont point parvenues à vaincre les méfiances de Louvois à l'égard des habitants de Lille, de ces sujets nouvellement conquis, car, au début de 1673, prévoyant que le théâtre de la guerre se rapprocherait de la Flandre, le Ministre ordonna aux gouverneurs des provinces voisines de la frontière des Pays-Bas, de procéder au désarmement des bourgeois dans toutes les villes récemment soumises à la domination française (1).

(1) Le 20 janvier 1673, fut publiée, à Lille, cette ordonnance du maréchal d'Humières au sujet du désarmement des bourgeois :

« De par le Roi...

« Le Roi nous ayant ordonné, par sa lettre de cachet du 4e de ce mois, d'obliger les habitants de cette ville à porter toutes leurs armes dans la Maison de ville pour y demeurer en dépôt, nous ordonnons à tous les bourgeois et habitants de cette ville, sans exception, de porter, dès lundi prochain XXIIIe du présent mois inclusivement toutes les armes qu'ils peuvent avoir, de quelque nature qu'elles soient, dans l'hôtel commun de cette ville et de les remettre, étiquetée de leur nom pour reconnaître à qui elles appartiendront, entre les mains des sieurs de Belloy, de Bressy, le rewart et 2 échevins à ce commis, pour y être conservées. Faisons défense à tous les susdits habitants d'en retenir aucunes chez eux pour quelque occasion ou sous quelque prétexte que ce puisse être, à peine de désobéissance de 150 florins d'amende et de la perte des dites armes qui seront cassées et brisées et mises entre les mains du dit sieur de Belloy pour en être par nous ordonnées. Permettons néanmoins aux gentilhommes et

Cette mesure fut exécutée à Lille, dans les derniers jours de janvier 1673, sans susciter la moindre opposition. « Je n'aurais jamais cru, écrivait d'Humières à Louvois, le 23 janvier 1673, que le désarmement des bourgeois de cette ville se fût passé si tranquillement et avec si peu d'embarras : ils ont témoigné en cela toute la soumission possible et leurs bonnes intentions pour le service du Roi. Ce qui a le plus touché la plupart des gros bourgeois et tous les jeunes gens, est de ne plus porter l'épée. J'ai eu un million de requêtes pour cela; toutes sont de différents prétextes, mais j'ai cru n'en devoir écouter aucunes que pour peu de gens privilégiés nécessairement par les fonctions de leurs charges et qui l'ont toujours été dans tous les temps. Le Magistrat n'y est même pas compris, ni les conseillers de la gouvernance. Je crois avoir exécuté en cela vos intentions car rien ne leur paraîtrait plus rude que de faire des distinctions entre eux. Le terme qu'on leur a donné pour porter les armes au lieu qui leur a été marqué finira ce soir. Comme il y a eu beaucoup de mousquets rompus durant le siège et que les Espagnols en emportèrent quantité en sortant de la ville, on n'en trouvera pas tant que d'autres armes. J'ai déjà fait mettre le corps de garde destiné pour leur sûreté dans l'Hôtel de ville, où il est très bien (1) ». Les bourgeois accueillirent fort gracieusement les officiers de l'état-major de la place chargés d'opérer

---

nobles de garder leurs armes ordinaires dont ils se servent tant en ville qu'en campagne, à condition toutefois d'en faire par eux une déclaration fidèle par-devant le dit sieur de Belloy, et, afin que personne ne prétende cause d'ignorance, la présente ordonnance sera lue, publiée et affichée aux lieux publics de cette ville. Fait à Lille, le 19 janvier 1673. Signé : Humières.

(Archives de la ville de Lille, Registre aux placards et ordonnances du Roi AA).

(1) Correspondance de d'Humières avec Louvois, manuscrit franç. n° 1226, de la Bibl. Nat.

une perquisition dans leurs demeures pour s'assurer qu'aucune arme n'y était cachée. « Toutes choses se passent avec tant de douceur, mandait d'Humières à Louvois, le 31 janvier 1673, que les officiers qui visitent dans les maisons n'ont autre peine qu'à se défendre des civilités qu'on leur fait et des collations que leur offrent les bourgeois qui les forcent partout de boire (1) ».

Les armes des Serments, déposées à l'Hôtel de ville, devaient leur être définitivement rendues en 1685 (2).

***

Cette même année, Lille, reconnaissante des créations et des agrandissements qu'elle devait à Louis XIV, de l'amélioration et de l'extension des chaussées qui la mettaient en communication avec les pays voisins, de la construction du canal de la Deûle à la Scarpe (3), consentait à doubler le subside de 30,000 florins (sans compter une contribution annuelle de 3,000 florins) qu'elle affectait chaque année à l'entretien de ses fortifications, et à l'aide duquel Vauban ne cessait de

(1) Correspondance de d'Humières avec Louvois, manuscrit franç. n° 1226, de la Bibl. Nat.

(2) Pour mémoire, nous mentionnerons ici le récit plein de vie de l'arrivée en France de la Dauphine Marie-Anne-Christine-Victoire de Bavière, récit que Vauban adressa, en février 1680, à la prieure de l'hospice Comtesse à Lille, sœur Marie-Madeleine. Vauban était entré dans la petite ville de Schlestadt au moment où cette princesse en sortait. Elle était accompagnée dans son carrosse par la maréchale de Rochefort qui, reconnaissant Vauban, bien qu'il fût fait « comme un brûleur de maisons », s'écria en le désignant à la Dauphine : « Voilà celui qui prend les villes ».

Nous avons donné communication de cette lettre de Vauban (qui existe, en copie, dans les portefeuilles Godefroy, aux Archives de la ville de Lille), à M. le lieutenant-colonel de Rochas qui a bien voulu la publier au tome II, pages 189 et suiv. de son ouvrage : *Vauban, sa famille et ses écrits*.

(3) Commencé en 1685, ce canal fut achevé en 1690.

perfectionner les défenses de la ville. Auprès des portes de la Madeleine et de Saint-André, à l'angle flanqué des bastions de la Noble Tour et des Canonniers (1), il élevait quatre grands ouvrages à cornes où il accumulait toutes les ressources de son art et grâce auxquels il décuplait la force des fronts de la place les plus exposés. Il lui restait seulement à mettre la dernière main à l'ouvrage à cornes de la Madeleine quand, au début de l'année 1699, il adressait au directeur général des fortifications, à l'ancien intendant de la Flandre wallonne, M. Le Peletier de Souzy, son mémoire intitulé : « Projet définitif de la fortification des ville et citadelle de Lille et Fort Saint-Sauveur, du 25e janvier 1699 (2) ».

Si les 30 premiers articles de ce mémoire, qui passent en revue les réparations à effectuer au corps de la place, aux fossés, aux demi-lunes, etc., pour achever leur mise en état de défense, ne présentent aujourd'hui qu'un intérêt médiocre, les trois derniers articles méritent au contraire d'arrêter l'attention. Ils montrent le parti que

---

(1) Voir le croquis : Plan de la ville et de la citadelle de Lille.

(2) Archives de la Section technique du génie, article 8, section I, Lille, carton n° 1.

On trouve dans ce carton un exemplaire du Projet du 25 janvier 1699, signé par Vauban, et deux copies plus complètes du même projet, avec de nombreuses variantes dont nous reproduirons la teneur. Elles laissent supposer que Vauban fit une deuxième rédaction plus étendue de son mémoire, dont l'original n'est plus aux Archives du génie. Ces deux copies sont d'ailleurs conformes au texte du manuscrit in-folio n° 27 de la Bibliothèque de la Section technique du génie où se trouvent reproduits divers écrits de Vauban, entre autres son mémoire « État succinct des ville et citadelle de Lille, par rapport à leur fortification et à l'attaque et défense ». A la suite de ce mémoire a été transcrit le Projet du 25 janvier 1699 sous ce titre : État des réparations à faire aux ville et citadelle de Lille pour achever de mettre leurs fortifications en bon état.

Le manuscrit de la Bibliothèque du génie porte la mention suivante : Ce volume a été remis au Dépôt de la guerre par le sieur Bruand en juin 1730.

Vauban entendait tirer des inondations et des rivières aux abords de Lille pour créer, sous les murs de cette ville, deux camps retranchés, l'un petit, mais « fort assuré, entre la citadelle, la redoute de Canteleu, le faubourg de la Barre et le Lieu de Santé »; le second beaucoup plus important, appuyant sa droite au ruisseau de Fives, sa gauche à la Marque, ses derrières à la ville de Lille et à la basse Deûle, ayant son front couvert par un retranchement, de l'église de Fives au château de la Tour sur la Marque. Les flancs de ce grand camp retranché, capable de contenir 15,000 à 20,000 hommes, auraient été solidement appuyés aux inondations du ruisseau de Fives et au cours de la Marque, difficilement guéable dans cette partie. « Il n'aurait qu'un front à garder très avantageux et commandant à tout ce qui serait devant lui, et agrandirait tellement la circonvallation qu'elle ne serait plus praticable ».

Dans le dernier article de ce mémoire, Vauban faisait ressortir les avantages, aux points de vue militaire et commercial, d'un réseau fluvial qui mettrait en communication immédiate la Lys et l'Escaut, Lille et Tournai, par la Deûle, remédierait à l'interruption de la navigation aux portes de Lille en joignant la haute et la basse Deûle par un canal passant entre la ville et l'esplanade, enfin et surtout relierait directement Lille à la mer par l'Aa, le Neuf-Fossé et la Lys, sans passer dorénavant par les Pays-Bas espagnols. Nous reproduisons ici ces trois articles, aux vues si originales et si variées :

51. — Outre le contenu en ce mémoire, il y a encore de très belles choses à faire à Lille par terre et par eau : 1° On peut faire un petit camp retranché fort assuré entre la citadelle, la redoute de Canteleu, le faubourg de la Barre et le Lieu de Santé (136) en prenant quelque précaution vers le pont de la Planche à l'extrémité gauche de la carte (137) et le château de Stapar (1). Ce camp ne pourrait être bon

(1) Voir le croquis relatif aux inondations réalisées et aux camps retranchés projetés par Vauban sous les murs de Lille.

que pour retirer un petit camp de 8 à 10 bataillons et quelque convoi qu'on voudra mettre en sûreté, sans les laisser entrer dans la ville (1).

32. — Il y a aussi de quoi faire un camp retranché bien plus étendu en commençant vers l'église de Fives et remontant la hauteur à gauche vers la cense de Cheneck (2) et retombant sur la rivière de Marque vers le château de la Tour. Après quoi, bordant la Marque, à 60, 80 ou 100 toises près afin de se soutenir sur la hauteur, on irait joindre la Deûle, barrant la dite Marque dans les besoins par des batardeaux autant que besoin serait et coupant les trop grands tortillements par les gorges, dont on soutiendra les plus grands et plus avancés par des pièces détachées, qui seront elles-mêmes soutenues par la ligne. Ce camp fermé d'un bon retranchement bien à preuve, palissadé au besoin, garni d'une bonne haie vive et bordé en cas d'affaire de 50 à 60 pièces de canon et de 12, 15 à 20,000 hommes, pourrait très bien sauver un siège à la ville de Lille et donner sécurité à une armée de beaucoup inférieure à celle des ennemis qui se pourrait soutenir à portée de lui et l'observer de près,

---

(1) Tel est le texte du projet qui, dans le carton de Lille n° 1, porte la signature de Vauban. Le texte des deux copies renfermées dans le même carton et celui du manuscrit n° 27 de la Bibliothèque de la Section technique du génie sont ainsi conçus :

« Outre le contenu en ce mémoire, il y a encore de quoi faire de très belles choses à Lille par terre et par eau

Premièrement, on peut faire un petit camp retranché fort assuré entre la citadelle, la redoute de Canteleu, le faubourg de la Barre et le Lieu de Santé, par le moyen d'une redoute revêtue et terrassée à preuve de canon, située dans l'inondation près le château de Stapar, la dite redoute de 24 toises de face mesurées par le sommet extérieur de son parapet, et, tout attenant et le long de la haute Deûle, afin de laisser place au tirage des bateaux, faire un gros retranchement à preuve de canon, dont le parapet fasciné et revêtu de gazon sera bâti en retraite de deux toises et demie du bord intérieur de la même Deûle, ce qui sera continué depuis la planche du Quesnoy jusqu'à la redoute de Canteleu, et depuis la dite redoute jusques et joignant l'avant-fossé de la citadelle où ce retranchement achèvera d'enfermer un espace qui pourrait être considéré comme une troisième partie de cette ville qui ne sera guère moins considérable que les deux autres, comme ceci se verra à l'article de ses propriétés.

(2) Nous n'avons point retrouvé l'emplacement de cette ferme, que nous supposons sur le territoire de Mons-en-Barœul.

ou à une qui aurait été battue, et empêcherait l'ennemi de s'engager avec une armée médiocre dans la châtellenie de Lille à moins qu'elle ne se trouvât le plus fort du double.

La droite de ce retranchement serait couverte par le ruisseau de Fives, sa gauche par la Marque qui n'est pas autrement guéable, les derrières par la ville de Lille et la Deûle. Ainsi il n'aurait qu'un front à garder très avantageux; au surplus, il agrandirait tellement la circonvallation qu'elle ne serait pas praticable (1).

33. — Avant le commencement de cette guerre, le Roi avait résolu un canal de navigation de Lille à Tournai, et, si la dite guerre ne fût pas arrivée, on l'allait commencer; ce dessein n'avait rien que de grand et de très utile pour le pays en paix et en guerre. Il aurait facilité le commerce de l'Escaut à la Lys et de la Lys à l'Escaut et, par conséquent, de toutes les villes grandes et petites qui sont situées le long de ces rivières, savoir, de la part de l'Escaut : Cambrai, Bouchain, Valenciennes, Condé, Saint-Amand, Tournai, Lille, Douai, Orchies et Arras; et de la part de la Lys : Aire, Saint-Omer, Béthune, La Gorgue-Estaires, Armentières, La Bassée, Comines, Werwick, Menin et tous les autres gros bourgs et villages situés le long de ces rivières, qui sont en bonne quantité.

Il eût même été facile de pousser cette navigation jusqu'à la mer

---

(1) Texte des copies du carton, Lille n° 1, des Archives du génie, et du manuscrit in-folio n° 27 de la Bibliothèque du génie : Il y a aussi de quoi faire un autre camp retranché bien plus étendu en commençant vers l'église de Fives et remontant la hauteur à gauche vers la cense de Cheneck, retombant sur la rivière de Marque vers le château de la Tour : après quoi, bordant la Marque à 80 ou 100 toises près de son bord afin de se soutenir sur la hauteur, on irait rejoindre la Deûle en côtoyant la dite Marque et la barrant autant que besoin serait, et coupant ses trop grands tortillements par les gorges, dont on soutiendra les plus grands et les plus avancés par des redoutes et pièces détachées qui seront elles-mêmes soutenues par la ligne.

Ce camp fermé d'un gros retranchement à preuve, palissadé au besoin et garni d'une bonne haie vive sur sa berme, la droite de ce retranchement serait couverte par le ruisseau de Fives, sa gauche par la Marque qui n'est pas autrement guéable et les derrières par la ville de Lille et la basse Deûle. Ainsi il n'aurait qu'un front à garder très avantageux et commandant à tout ce qui serait devant lui, et agrandirait tellement la circonvallation qu'elle ne serait plus praticable.

en remontant par la Lys et traversant le pays entre Aire et Saint-Omer jusques à la rivière d'Aa, soit en passant par l'avant-fossé de Saint-Omer ou en prenant par Clairmarais, la dite rivière étant déjà navigable par elle-même depuis Saint-Omer jusques à Gravelines, Bergues, Dunkerque et Calais; les bélandres y remontent de temps en temps de Gravelines. Or, diguant cette rivière et la Colme, ce qui irait à de très petites dépenses, et faisant un sas à Wattendam avec l'écluse de Gravelines, cette navigation se pourrait tellement faciliter que les plus grandes bélandres venant de la mer pourraient remonter à pleine charge et se porter jusques à Lille, Tournai et Valenciennes sans rompre charge, ce qui serait un très grand avantage pour ces places qui auraient leur commerce libre et indépendant en Angleterre, Hollande, Normandie, etc., car ces bâtiments-là peuvent aller dans tous ces ports-là (1). J'en ai même vu qui, de Dunkerque, sont allés à Bordeaux charger des vins. Ainsi le commerce de ce pays-ci n'aurait rien de commun avec celui d'Espagne que dans les choses qui lui pourraient être utiles et ne passerait plus par leurs bureaux.

A l'égard du commerce intérieur de ce pays-ci, quel avantage ne serait-ce pas à la ville de Lille, si elle pouvait avoir ici les charbons de Hainaut de la première main, la chaux, la pierre de Tournai, les bois de Raismes et de Saint-Amand et de la forêt de Mormal, et les blés du Cambrésis, du gouvernement du Quesnoy, de Landrecies et Bouchain, et mille autres choses, car tout se vend quand il y a facilité de voiture et consommation. On aurait la même facilité pour les blés d'Artois et de Picardie et pour toutes les marchandises de ces pays-là; car, depuis que le canal de Douai est fait, nous voyons venir de ces côtés-là des bourrées dont on ne tenait pas compte, des grés, du sable inconnu en ce pays-ci avant le canal, sans parler des blés, orges, avoines et foins qui viennent encore par là en abondance. Enfin ce canal est petit, et il y manque même beaucoup de choses. Cependant il n'a pas plus tôt été fait qu'on a bâti 140 grands bateaux exprès pour son usage et on en bâtit encore tous les jours, ce qui soit dit pour faire voir l'avantage et l'utilité de la navigation, car il n'y a pas jusqu'à de la paille et des gerbées qu'on amène ici de moitié chemin d'Arras à Douai à plein bateau. Il est ainsi de toutes les grosses marchandises qui sont du bas prix et de grande consommation. Comme la voiture par charroi en mange le prix, elles demeurent dans les pays et on n'en fait pas grand'chose, au lieu que les voitures par eau enlèvent tout et font tout valoir parce

---

(1) Voir le croquis : Navigation projetée par Vauban, de l'Escaut à la mer.

qu'elles sont moins chères que les charrois, et c'est ainsi qu'on peut semer l'argent dans les pays avec un profit non moins considérable que celui du blé semé en bonne terre. Partout où l'argent peut se répandre, les plus mauvais pays deviennent bons, au lieu que les meilleurs deviennent mauvais et tombent en friche quand il y manque.

A l'égard de la guerre, quelle commodité les armées n'en recevraient-elles pas si on pouvait communiquer les munitions de guerre et de bouche de toutes ces places que nous occupons : cela se pourrait très facilement de Dunkerque, Calais et Gravelines à Condé, Valenciennes et Cambrai, et de toutes les places entre deux, en avant et en arrière. Quel avantage pour des armées soit pour agir en avant ou simplement pour défendre le pays, à quoi on pourrait même ajouter que ce canal pourrait lui servir de seconde ligne en temps de guerre. Je ne vois enfin rien de meilleur ni de plus désirable pour ce pays, de quelque manière qu'on le puisse entendre (1).

Si Sa Majesté reprenait le dessein de ce canal, je veux dire de Lille à Tournai, comme il serait à désirer pour son service et le grand bien du pays, il y aurait à examiner s'il serait à propos de se servir de la Marque depuis la Deûle jusqu'au Pont à Tressin ou s'il serait mieux de tirer à droiture depuis le Pont à Tressin jusque près la porte de Fives pour être introduit dans la ville par le grand canal qui aboutit près de là et qui se va rendre dans la basse Deûle par le moulin du rivage. Je vois peu d'apparence de pouvoir passer cette navigation par la ville, à cause qu'il faudrait traverser les chemins couverts, fossés et remparts de la place, creuser ce canal qui de lui-même est fort étroit, rempietter toutes les maisons qui le bordent, en abattre quelques-unes, couper quantité de ponts de pierre et les convertir en ponts de bois, et, au bout de tout cela, tomber dans le port de la basse Deûle par un sas, toutes manœuvres difficiles et de grande cherté, mais la navigation en serait beaucoup plus utile que par la Marque à cause de la quantité de maisons qui le borderaient dans le travers de la ville, mais en échange il en coûterait beaucoup moins et couvrirait plus de pays.

Ce sera une chose à comparer quand Sa Majesté en aura ordonné la façon. Quelque parti que l'on prenne, il y aura beaucoup à

---

(1) Ici s'arrête l'article 33 dans l'exemplaire du Projet définitif du 25 janvier 1699 revêtu de la signature de Vauban. Les autres copies du Projet conservées aux Archives ou à la Bibliothèque du génie n'en diffèrent jusqu'ici que par de très légères variantes. Elles sont seules à reproduire la fin de l'article : « Si Sa Majesté reprenait, etc... ».

approfondir du côté de Baisieux parce que le terrain hausse là considérablement par un espace assez étendu, mais non assez pour s'en rebuter. Il faudra s'accommoder au niveau des superficies des eaux souterraines du pays, n'y en ayant pas de mieux réglé que celui-là, et chercher les moyens de remplir ce canal par celles qu'on pourra tirer de celui de Lille, soit en prolongeant la queue de la Marque au delà de sa source par une rigole à travers le bois de Phalempin, approfondie et en partie revêtue et voûtée en souterrains jusqu'au canal de Lille, qu'il faudra emboucher par une ventelle de six pieds de large, si les niveaux s'y accordent, ou par une rigole découverte à prendre dans le même canal au dessus du sas que je présume devoir être refait au Pont à Vendin, conduite après suivant les pentes du terrain jusque dans le canal. Ce sont des recherches à faire sur les lieux avec un peu d'application et de loisir (1).

Il serait aussi très avantageux au commerce de cette ville et même à celui de Douai et d'Arras que la navigation de la haute et basse Deûle se pût communiquer. Par cet effet, et après avoir bien examiné tous les endroits par où on la pourrait faire passer, je n'en ai point trouvé de plus propre que le bas de l'esplanade de la citadelle, au moyen du canal parallèle à l'alignement des maisons, laissant un espace de 10 toises de large entre le pied des dites maisons et le bord du canal pour servir de quai, que je serais d'avis de revêtir aussi bien que l'autre bord du dit canal dans l'enclos de la ville, observant : 1° d'employer les terres qui proviendront de son excavation partie au rehaussement des bords sans y faire de chaussée, partie à celui de tous les lieux bas de l'esplanade, et partie au repaississement des remparts des deux communications.

---

(1) Ce n'est que de longues années après Vauban que le canal de Lille à Tournai fut exécuté. Son tracé, en partant de Lille, est le suivant : Il descend la basse Deûle jusqu'à son confluent avec la Marque, remonte cette rivière jusqu'à peu de distance de Wasquehal, passe entre Roubaix et Tourcoing, rejoint par Wattrelos le ruisseau d'Espierres, atteint l'Escaut au village d'Espierres, et remonte ce fleuve jusqu'à Tournai.

Il diffère du tracé plus direct proposé par Vauban (voir le croquis : Navigation projetée par Vauban, de l'Escaut à la mer) qui voulait remonter la Marque jusqu'aux abords du village de Tressin, puis atteindre l'Escaut par une ligne presque droite passant entre Willems et Blandain et rejoignant l'Escaut au village de Chin, un peu au nord de Tournai.

2° De le sortir de la ville par une coupure à angle droit en travers de celle de Saint-André, sur une largeur de 20 pieds, l'une et l'autre revêtues et profilées dans le travers du rempart et celui du fossé soutenu par deux batardeaux, et le chemin couvert et glacis par des revêtements continuant toujours la même largeur au dit canal jusques à ce qu'il soit tout à fait hors du dit glacis, après quoi on lui redonnera la largeur entière qui sera continuée en circulant la ville neuve à 18 ou 20 toises près du pied de ses glacis jusqu'au rencontre de la basse Deûle dans laquelle il sera embouché, joignant le derrière de la tenaille, le tout comme il est figuré au plan (1).

A l'égard de la sortie de la haute Deûle, on avait pensé de la passer au travers de la communication de la Barre, mais outre que cela emporterait la nécessité de la couper et de soutenir cette coupure par des revêtements et batardeaux, comme celle de l'autre, dans le plus mauvais fond du monde où il serait d'une grande dépense, le passage ne serait pas si commode que la vieille entrée du bassin supérieur, de l'un des coins duquel on pourra tirer le canal pour de là le passer dans l'esplanade aux dépens de deux ou trois maisons qui se trouveront dans son chemin, observant de faire deux ou trois ponts sur le travers du dit canal dans la ville pour la communication à la porte de la Barre et celle de la citadelle, aussi bien que sur les coupures du rempart.

---

(1) Nous n'avons point retrouvé ce plan. — Vauban, obéissant sans doute à des raisons d'économie, avait ensuite proposé un deuxième tracé pour le canal de jonction de la haute Deûle à la basse Deûle. Comme nous le verrons, en étudiant son projet de navigation de Lille à la mer, il s'était rallié aux vues de M. de Valory, l'ingénieur qui dirigeait les travaux de Lille et qui, dès 1699, lui avait soumis le projet suivant : contourner la citadelle sans entrer dans la ville et rejoindre par les glacis de l'ouvrage à cornes de Saint-André la basse Deûle à sa sortie de Lille, près du ravelin 60 et du tenaillon 84. (Voir le plan de la ville et de la citadelle de Lille.) — La jonction de la haute Deûle à la basse Deûle fut exécutée en 1750 à travers l'esplanade, suivant le projet primitif de Vauban, avec cette variante que le canal fut tracé à une distance plus grande des maisons en bordure sur l'esplanade, à 35 toises environ de ces dernières. Les travaux s'élevèrent à la somme de 251,269 livres, 12 sols, 3 deniers. (Archives de la ville de Lille.)

CHAPITRE III

Vauban et le canal de Lille à la mer.

Vauban reprend, en 1705 et en 1706, l'étude de son projet d'un canal de Lille à la mer. Il reconnaît lui-même, au mois d'août 1705, le cours des rivières de la Deûle, de la Lys et de l'Aa, et fait cette reconnaissance en compagnie des députés des Etats et de la ville de Lille.

Il prétend tracer cette navigation en territoire exclusivement français, l'affranchir du tribut des étrangers et lui donner 6 pieds de profondeur, de l'Escaut à Lille, 10 pieds, de cette ville à la mer, afin que les navires d'un faible tonnage puissent remonter, sans rompre charge, de l'Océan jusqu'à la capitale de la Flandre. — Il acquiert la conviction que son entreprise est réalisable de tout point.

Vive opposition que soulève son projet. A tout prix, le Magistrat de Lille s'efforce d'empêcher, et pour l'heure présente et pour l'avenir, la construction de ce canal qui, dans sa pensée, portera un coup mortel aux intérêts de la ville et entraînera la ruine du pays.

Appui que rencontrent les protestations du Magistrat auprès de l'intendant de la Flandre, Dugué de Bagnols, du gouverneur de Lille, le maréchal de Boufflers, et du ministre de la guerre, Chamillart.

Les intentions de Vauban entièrement méconnues. — Il a voulu, avant sa mort, « avoir l'honneur de donner un bon avis à Sa Majesté » et léguer à la Flandre un dernier bienfait. — Il ne demande la construction du canal qu'après la paix bien affermie. — Son éloquente réfutation des arguments du Magistrat de Lille. — Magnifique langage qu'il tient à l'égard de ses détracteurs. — Son projet de navigation de 1706 restera l'un de ses plus beaux titres à la reconnaissance de la postérité.

Économiste aux vues profondes, Vauban ne négligea rien pour faire aboutir ces créations de canaux, ce projet grandiose, qui les renfermait toutes, de la jonction de Lille à la mer, ou plus exactement de l'Escaut à la mer en territoire exclusivement français. Jusqu'alors en effet toute marchandise expédiée par eau de Valenciennes à Dunkerque ou à Gravelines ne pouvait atteindre ces villes, sans franchir la frontière, qu'après deux transbordements par charroi. Il fallait descendre l'Escaut jusqu'à son confluent avec la Scarpe, remonter cette dernière rivière, s'engager, près de Douai, dans le canal de la Scarpe à la Deûle, et descendre la haute Deûle jusqu'à Lille. Comme la navigation était interrompue aux portes de cette ville, un premier transbordement s'imposait pour gagner la basse Deûle. Par cette rivière et par la Lys, il était facile d'atteindre la ville d'Aire, mais, pour passer de la Lys à l'Aa, d'Aire à Saint-Omer, force était de recourir aux voitures du pays. On pouvait, de Saint-Omer, se rendre soit à Gravelines soit à Dunkerque en descendant l'Aa ou en s'engageant dans le canal de la Colme.

A ces interruptions dans la navigation de l'Escaut à la mer s'ajoutait un autre défaut, non moins grave, l'impossibilité de faire flotter sur la Scarpe, la Deûle, la Lys et l'Aa, des bateaux d'un tonnage élevé. La profondeur très variable de ces rivières ne dépassait par 4 pieds 1/2 en plusieurs endroits de leurs cours. Frappé de ces inconvénients, Vauban avait résolu non seulement de rendre cette navigation continue mais encore de donner aux rivières et aux canaux une profondeur de 6 pieds, de l'Escaut à Lille, et une profondeur de 10 pieds, de Lille à la mer, afin que de petits navires de 200 tonneaux pussent, sans rompre charge, se rendre de la capitale de la Flandre à Dunkerque ou à Gravelines, gagner nos ports de l'Océan et se répandre dans ceux de l'Angleterre et de la Hollande. Au mois de juillet 1705, il vint lui-même en Flandre reconnaître le tracé qu'il comptait faire suivre à cette nouvelle voie de navigation (1).

Il se rendit au village de Palluel, voisin d'Arleux, sur la Sensée. Déjà, du vivant de Louvois, il avait mis à profit le débit considérable de cette rivière, qui traverse des marais très profonds, pour lui emprunter une partie de ses eaux et les refouler par une rigole, la petite

(1) Voir le croquis : Navigation projetée par Vauban, de l'Escaut à la mer.

Sensée, du village de Palluel au village de Lambres sur la Scarpe, au dessus de Douai, se réservant ainsi le moyen de rémédier au manque d'eau du canal de la Scarpe à la Deûle, et de grossir à volonté les inondations de Douai et de Lille. Rien ne s'opposait, comme le constata Vauban, à rendre navigable la petite Sensée en élargissant son canal et à s'y constituer une réserve d'une grande puissance pour doubler le volume de la Deûle. De Lambres, une rigole, rejoignant l'avant-fossé du chemin couvert de Douai, aurait amené directement les eaux de la petite Sensée dans le canal de la Scarpe à la Deûle.

Vauban gagna Lille par ce canal après avoir reconnu la nécessité de l'élargir, de l'approfondir et de le prolonger, en contournant la citadelle de cette ville, jusqu'à sa rencontre avec la basse Deûle. Il partit de Lille en bateau, le 10 août 1705, accompagné de deux ingénieurs du Roi, M. de Valory qui avait, depuis 1696, la direction des fortifications de Lille, et le sieur Guillin; de M. d'Hangouart, l'un des baillis de la châtellenie et de M. Lespagnol, premier conseiller pensionnaire de la ville de Lille, députés par les États de la province; de M. de Saint-Marcq, rewart; du Vas, second conseiller pensionnaire; Jean Vollant, seigneur des Werquins, fils de Simon Vollant et son successeur dans sa charge d'argentier, enfin du sieur Milan, ingénieur de la ville, ces quatre derniers députés par le Magistrat de Lille (1). La sonde à la main, il descendit la basse Deûle, à partir de laquelle il voulait donner au canal une profondeur de 10 pieds, et il put constater que cette rivière se prêtait à la réalisation de son projet. Ainsi qu'il l'écrivait (2) au directeur général des fortifications, à la suite de son voyage,

(1) Vauban à M. Le Peletier, directeur général des fortifications, à Calais, 19 août 1705 (Archives du Génie, Mémoires généraux, Frontière du Nord, carton I, art. 5, section 3).

(2) Même lettre.

la profondeur de la basse Deûle « est inégale depuis 4 pieds 1/2 jusqu'à 10 à 11 pieds, mais rarement de la première et dernière et très souvent de celle des entre-deux. Le lit de cette rivière est sain, non pierreux ni graveleux, le cours de l'eau doux et égal, n'ayant pas plus de rapidité dans un endroit que dans l'autre, son fond et ses bords de bonne terre, très facile à manier. C'est pourquoi il est très aisé d'en faire ce que l'on voudra à peu de frais. Sa largeur est communément de 6, 7 à 8 toises ».

A partir de Deûlémont, du confluent de la Deûle et de la Lys, Vauban remonta ce grand affluent de l'Escaut jusqu'au village de Thiennes à une lieue en aval d'Aire, et ne fut pas moins satisfait des sondages et des observations relevées sur sa route. « Il n'y a rien de si beau ni de si égal que le cours de cette rivière qui n'a ni pierres ni gravier, ni sable qui tourmente son cours. Partout ses bords sont de terre douce, le fond vaseux et herbu et par conséquent très aisé à approfondir aux endroits où il en sera besoin. Ce cours de la Lys est bordé à droite et à gauche de gros bourgs et de bons villages bien peuplés, dans le plus beau et meilleur pays du monde, et où il est le plus aisé de faire tout ce que l'on voudra de cette rivière ».

Au village de Thiennes, les États d'Artois venaient d'entreprendre la construction d'un canal pour le dessèchement du pays. Ce canal s'embranchait, à 1 lieue 1/2 plus au Nord, au village de Blaringhem, sur l'ancien canal du Neuf-Fossé qui marquait la séparation entre l'Artois et la Flandre et, faute d'entretien, était tombé en ruines depuis nombre d'années. Vauban résolut de se servir, pour la jonction de la Lys à l'Aa, du Neuf-Fossé et de la branche ouverte de Thiennes à Blaringhem par les États d'Artois. Sur le parcours du Neuf-Fossé, il y avait « partout bon terrain, facile à manier et qui tient l'eau comme des pots ». Rejoignant l'Aa par le Neuf-

Fossé, au Nord de Saint-Omer, l'illustre ingénieur put se convaincre de la possibilité d'améliorer la navigation de ce fleuve, au cours régulier et d'un débit plus considérable que la Lys. Le sergent à verges Delezenne, qui accompagnait la députation du Magistrat de Lille, nous dépeint l'ardeur et le soin que Vauban avait apportés à cette reconnaissance des rivières et des canaux de la Flandre et de l'Artois. Dans une lettre adressée de Saint-Omer, le 13 août 1705, au sieur Courouwanne, substitut du procureur syndic de la ville de Lille, Herreng, il s'exprimait ainsi : « ... J'avais oublié à vous dire que, sortant de Saint-Venant, nous n'avons pas été jusqu'à Aire. Nous avons mis pied à terre, et nous avons été le long du Neuf-Fossé jusqu'auprès de Saint-Omer, et, de là, nous sommes allés voir la rivière d'Aa à deux lieues de Saint-Omer, et tout cela s'est fait le mercredi. Cela n'a pas empêché M. le maréchal de retourner le jeudi, comme j'ai eu l'honneur de vous le marquer ci-devant. Je vois M. le maréchal toujours ferme dans son dessein jusqu'à dire à M. de Saint-Marcq : « Ah ça, M. de Saint-Marcq, n'allez pas détourner vos Magistrats pour empêcher mon projet, et ne criez pas si haut que vous faites quelquefois ». Jugez par là si le maréchal n'est pas ferme dans ses desseins. Je lui vois autant d'empressement là-dessus comme celui que j'ai d'être, Monsieur, votre très humble et très obéissant serviteur (1) ».

Sa reconnaissance terminée, Vauban congédiait, le 14 août 1705, à Gravelines les ingénieurs et députés de Lille : « Tous, disait-il dans sa lettre à M. Le Peletier, s'en sont retournés satisfaits de leur voyage, du moins à ce qu'il m'en a paru. Si Dieu veut que nous ayons la paix, voilà de belle besogne à faire, non moins utile que très nécessaire à ce pays qui ne saurait se soutenir sans un

(1) Archives de la ville de Lille, carton 233.

commerce indépendant, qui le tire de la tyrannie et des vexations de ses voisins, les Espagnols et Hollandais. La dépense n'en sera pas considérable en ce qu'il n'y va pas de sortir une pistole des pays et que ce n'est que semer l'argent d'une main et le recueillir de l'autre après une fort courte circulation, que cet argent est tout trouvé à peu de chose près si le Roi, en continuant la levée des fonds destinés à la fortification des places conquises, où il n'y a rien qui presse présentement, veut bien la convertir à la construction de ce canal. En y joignant si peu qu'il voudra du sien, il ne sera pas difficile de faire une somme de 300,000 à 400,000 livres par an qui, une fois bien employée, nous ferait bien de la besogne en peu de temps et enrichirait le pays au lieu de l'appauvrir. Au surplus, je compte de donner 10 pieds d'eau, si je puis, à cette navigation depuis la mer jusqu'à Lille afin de pouvoir faire remonter les buches, quaiches, smacks, dogres, bélandres de toutes espèces et autres petits bâtiments de mer qui ne tirent que 6, 7 à 8 pieds et qui vont partout, et 6 pieds au surplus ».

De cette reconnaissance qui l'avait occupé plus d'une semaine au début d'août 1705, Vauban avait eu la joie de revenir convaincu de l'entière possibilité de son entreprise. Toutefois cette joie fut pour lui de courte durée. Il eut bientôt l'amère déception de constater que ceux-là mêmes à qui il préparait une nouvelle source de richesses étaient les premiers à la méconnaître et à la repousser. Il avait exposé aux Magistrats des villes qu'il avait traversées la grandeur et les avantages de cette navigation de la mer à l'Escaut qui cessait de les rendre tributaires des Pays-Bas espagnols, mais l'intérêt particulier l'emporta dans leurs cœurs sur l'intérêt général. Oubliant les services qu'ils étaient en droit d'attendre de l'achèvement de ce magnifique réseau de canaux, ils virent seulement, avec des yeux pleins d'effroi, les charges nouvelles et immédiates que devait leur imposer la construction du canal. Comme si un vent de folie avait soufflé dans son sein, le Magistrat de Lille fut le premier à donner l'alarme et à mettre tout en œuvre pour écarter la réalisation d'un projet qui lui semblait renfermer la ruine de la ville et de la châtellenie. Il lui arriva de se figurer que Vauban demandait l'exécution immédiate du canal, bien que le grand ingénieur eût pris soin de déclarer hautement, au cours de sa reconnaissance des rivières et à son retour à Paris, qu'il ne voulait effectuer de suite que la jonction, à travers Lille, de la haute et de la basse Deûle, ne prétendant commencer le canal de Lille à la mer qu'une fois la paix bien affermie. Le 4 septembre 1705, il confirmait au rewart de Lille, M. de Saint-Marcq, les bornes modestes dans lesquelles il renfermait ses aspirations présentes, en l'informant qu'il travaillait « au projet de la visite que nous avons faite, dont j'ai déjà rendu compte au Roi de vive voix. Ce sera de la besogne pour le temps de paix, mais non pas pour ce qui regarde la ville de Lille, à laquelle je crois que l'on va travailler incessamment (1) ».

Malgré ces assurances formelles de Vauban, le Magistrat de Lille prit peur. Il se voyait, en pleine guerre de la Succession d'Espagne, épuisé par la contribution de 63,000 florins qu'il s'imposait pour les fortifications de la ville, endetté de plus d'un million, n'arrivant même plus à payer les intérêts de ses emprunts, incapable de trouver la moindre ressource et le moindre crédit. Vauban avait fait entendre qu'il demanderait au Roi d'affecter à la construction du canal les fonds que les villes, situées sur son parcours, consacraient jusque-là à l'entretien de leurs fortifications. Le Magistrat de Lille manifesta ses craintes qu'en raison de la longueur des travaux la contribution de 63,000 florins, reportée des fortifications

(1) Extrait de la lettre de M. de Vauban à M. de Saint-Marcq, Paris, 4 septembre 1705 (Archives de la ville de Lille, carton 235).

sur le canal, ne devînt pour la ville une charge annuelle et perpétuelle. Le 11 septembre 1705, il adressait au ministre de la guerre, Chamillart, d'amples remontrances et, le 14 septembre, à Vauban, une longue lettre où il s'efforçait de prouver que le nouveau canal entraînerait l'anéantissement du commerce de la ville et de la province, où, sans autre argument valable que la détresse financière de la ville dont Vauban connaissait mieux que personne l'étendue, il déguisait mal les misérables intérêts qui inspiraient toutes ses plaintes.

Ces remontrances et cette lettre étaient ainsi conçues :

LE MAGISTRAT DE LILLE A CHAMILLART,

à Lille, le 11 septembre 1705.

Monseigneur,

Nous étant revenu que l'on avait proposé au Roi de faire creuser un canal depuis Arleux jusques à Gravelines pour avoir communication avec la mer, nous avons cru que ce projet pouvait s'exécuter sans faire préjudice au pays, mais, chacun ayant réfléchi depuis sur ses intérêts, nous avons appris, Monseigneur, que plusieurs corps des villes de la Flandre française ont fait de très humbles remontrances à Votre Excellence pour que ce projet n'ait pas son exécution. C'est ce qui nous a obligés, Monseigneur, de former les très humbles remontrances que nous osons vous adresser afin que, pour les motifs et raisons qu'elles contiennent, il plaise à Sa Majesté laisser les choses dans l'état qu'elles sont présentement, et sur quoi nous supplions très humblement Votre Excellence de nous accorder l'honneur de sa très puissante protection. Nous osons nous flatter, Monseigneur, que vous trouverez nos remontrances fondées en justice.

Nous prenons encore la liberté de vous représenter très humblement, Monseigneur, qu'il nous est revenu que M. le maréchal de Vauban a parlé au Roi de vive voix sur son projet, que Sa Majesté en a remis l'exécution au temps de paix, excepté ce qui doit être fait dans les environs de cette ville, à l'égard de quoi le Roi permet que l'on travaille incessamment, et c'est ce qui nous fait de la peine, Monseigneur, car, si on commence d'entamer le projet ici, il y aurait une nécessité indispensable d'achever l'exécution du détail sans discontinuation, de sorte que ce commencement est d'une conséquence si considérable que l'exécution de cette partie est absolument l'exécution du projet entier. C'est ce qui nous oblige d'avoir encore recours à votre très puissante protection et de vous supplier très humblement de porter à Sa Majesté à ne pas permettre que l'on entre en aucune manière dans l'exécution de la moindre partie du projet et, dans cette confiance, nous avons l'honneur d'être avec un très profond respect, de Votre Excellence les très humbles et très obéissants serviteurs.

LES REWART, MAYEUR, ÉCHEVINS,
CONSEIL ET HUIT HOMMES DE LA VILLE DE LILLE (1).

A MONSEIGNEUR,

Monseigneur Chamillart, ministre secrétaire d'État et contrôleur général des finances.

Les Magistrats de la ville de Lille en Flandre représentent très humblement à Votre Excellence qu'il est venu à leur connaissance qu'on propose au Roi de faire exécuter un canal depuis Arleux jusques à Gravelines pour avoir communication avec la mer et faire ce canal assez large et assez profond pour porter les bélandres.

M. le maréchal de Vauban s'est donné la peine de se rendre sur les lieux. Il a demandé des députés qui ont eu l'honneur de l'accompagner pour être présents à ses observations.

Il prétend, Monseigneur, se servir des eaux qui sont à Arleux, pays d'Artois, pour, avec les eaux du canal nommé Sensée, proche Douai, donner des eaux au canal de communication de la Scarpe à la haute Deûle que Sa Majesté a fait exécuter en 1685.

On prétend rehausser de trois pieds ce canal de communication qui va depuis le fort de la Scarpe jusques à la hauteur du village de Courrières, et la haute Deûle de même, depuis Courrières jusques à Lille. Pour là, en passant au dessus de la citadelle sans entrer dans la ville, se servir du canal de la basse Deûle qui se rend dans la Lys à Deûlémont, village de la châtellenie de Lille, en rehaussant pareillement ce canal, aussi bien que la rivière de la Lys, de trois pieds afin que les bélandres aient un fond suffisant, et, pour achever la route jusques à la mer, se servir du Fossé Neuf et de la rivière d'Aa en Artois.

Si, pour joindre la Scarpe à la Deûle, qui n'est qu'un trajet de trois lieues, la dépense a été jusqu'à un million, que ne faudra-t-il pas pour l'exécution de ce nouveau projet.

On prétend, Monseigneur, qu'il n'en coûtera rien au pays à cause,

(1) *A. H. G.*, vol. 1838, pièce originale.

à ce que l'on fait entendre, que l'on se servira des fonds que les Corps de ville et d'États du pays d'Artois et des départements de Messieurs de Bagnols (1) et de Barentin (2) paient à titre de fortifications, et cependant que ces pays en recevront des avantages considérables par la communication qu'ils auront avec la mer et par le gros commerce qui en résultera sans passer par les Pays-Bas espagnols.

Ce projet a paru d'abord plausible, mais, chacun ayant réfléchi sur ses intérêts, on vient de reconnaître que l'exécution serait très préjudiciable au plat pays et à toutes les villes de la Flandre française et d'une conséquence excessive.

Comme ce canal ne doit point passer par Douai mais au dehors et proche de la ville, on apprend, Monseigneur, que les Magistrats de ce lieu ont fait ou doivent faire de très humbles remontrances pour que ce projet n'ait pas son exécution, qu'ils regardent comme la ruine de Douai. Leurs principaux chefs de remontrances sont fondés, à ce que l'on apprend, sur ce que les eaux du canal d'Arleux et du Sensée qui nourrissent la rivière de la Scarpe gâteront entièrement leur navigation parce qu'ils seront privés de ces eaux et parce encore que le canal proposé, ne passant point dans Douai, ce qui descend du pays d'Artois, d'Arleux et d'ailleurs par la Scarpe, n'y entrera plus, le commerce de grains qui se fait à Douai et au moyen de quoi cette ville-là subsiste sera absolument perdu, et les Magistrats auront à la charge de la ville toutes les pauvres familles qui subsistent par ce commerce, et particulièrement les charretiers, porte-sacs, chargeurs et déchargeurs, bateliers du pays, commissionnaires et autres. Cela et bien d'autres choses également sensibles sont sans doute plus amplement expliquées par les remontrances des Magistrats de Douai et aussi par les Magistrats des lieux qui sont le long de la Scarpe et de l'Escaut. Les moulins de Douai, d'Antoing, de Tournai et des autres lieux, n'auront point à beaucoup près la même quantité d'eau qu'ils ont présentement.

Depuis que l'on a fait un pavé de Lille à Tournai, il y a une infinité de gens qui vivent, tant du plat pays que des villes, en allant à Tournai avec des chariots et chevaux prendre les charbons de terre et autres choses qui y arrivent par l'Escaut et qui en conduisent aussi de Lille en plusieurs autres villes de la Flandre occidentale et même dans le pays d'Artois.

Tournai, Lille et toutes ces villes profitent de la consommation de

(1) Voir plus loin, p. 80.

(2) Intendant de la Flandre maritime, qui venait de mourir à Ypres, capitale de son gouvernement, le 7 septembre 1705.

ces voituriers et de leurs chevaux, dont le nombre est très considérable, mais, si le projet a son exécution, ils sont tous réduits à la pauvreté, et le Roi ne trouvera plus dans les occasions la facilité que l'on a eue jusqu'à présent d'avoir un grand nombre de chariots, d'hommes et de chevaux, pour l'exécution des expéditions que Sa Majesté ordonne.

Les Magistrats de Douai et de Tournai se plaignent de ce que l'on a remis les portes du sas, proche le fort de la Scarpe, à la hauteur que l'on avait réglée dans le temps de la construction de ces sas, que M. de Mesgrigny (1) avait fait baisser de 10 pouces au préjudice de la navigation de la haute Deûle appartenant à la ville de Lille et que M. le maréchal de Vauban avait ordonné être rétablie à son ancienne hauteur. Après avoir examiné l'état des choses sur les lieux, que ne diront-ils pas lorsque l'on rehaussera de 3 pieds ces portes et les digues du canal de communication de la Scarpe à la Deûle qui leur ôtera encore les eaux nécessaires à leur navigation ?

Les propriétaires des héritages voisins de la haute Deûle depuis Haubourdin jusqu'à Lille et ceux qui abordent à la branche du canal nommée le Fourchon, depuis le village d'Esquermes jusqu'aux moulins de Wazemmes, se plaignent déjà, au bruit de ce projet, à raison de ce rehaussement, disant que tous leurs héritages seront inondés aussi bien que quantité de maisons et fermes considérables. Ces endroits n'ont que trop d'eau pendant l'hiver dans l'état où les choses sont aujourd'hui. Que n'arrivera-t-il pas lorsque l'on tiendra ce canal 3 pieds plus haut, et que deviendront les eaux qui descendront des hauteurs voisines et qui ne pourront entrer dans le canal à raison du rehaussement de digues ? L'inondation sera en été comme en hiver, les eaux se corrompront et infecteront l'air, et toutes ces maisons et héritages d'une très grande étendue et d'un prix considérable seront absolument perdus.

On dira peut-être qu'on évitera ce mal par des arrière-fossés des deux côtés du canal, mais le remède sera pis que le mal. Ces fossés seront larges ou étroits. S'ils sont larges, on perdra beaucoup d'héritages et la dépense sera d'autant plus considérable. S'ils sont étroits, ils seront inutiles au premier débordement des eaux qui les rempliront d'acconlins et de vase, dont l'entretien sera bien à charge, car ces débordements sont assez communs et ordinaires dans le pays.

---

(1) Le lieutenant général, Jean de Mesgrigny, gouverneur de la citadelle de Tournai, s'était acquis une réputation d'ingénieur habile. Au témoignage de Vauban, il entendait les ouvrages de fortification « mieux qu'aucun homme du royaume ».

Lille est le magasin de la frontière française pour tout ce qui vient de la mer, de l'Escaut, de la Scarpe et de la haute Deûle. Il y a des marchands, des commissionnaires, des bateliers, des porte-sacs, des charretiers de ville, des chargeurs et déchargeurs, des brouetteurs au poids et une infinité de journaliers qui subsistent au moyen de tout ce qui arrive dans Lille par eau.

Les haute et basse Deûle, qui vont jusque dans Lille, ont chacune leurs rivages et bassins séparés sans aucune communication. S'il arrive dans Lille des marchandises par le canal de la basse Deûle pour être voiturées du côté d'Artois et au dessus, ou par la haute Deûle pour être voiturées du côté de la Flandre occidentale, il faut se servir de charretiers pour le transport des marchandises d'un rivage à autre, ce qui fait qu'ils sont dans une perpétuelle occupation aussi bien que les marchands commissionnaires, les chargeurs et déchargeurs et autres journaliers qui, par leur consommation, font grossir le produit des impôts.

Les maisons voisines de ces deux rivages sont occupées par des gens qui ont relation au commerce et à la navigation. Il y a de gros magasins pour les marchandises d'entrepôt, des cabaretiers, boulangers, cordiers, chandeliers, brasseurs et des gens de plusieurs autres professions qui subsistent par cet endroit. Ils se trouveront tous sans emploi, et les magasins et maisons sans occupation, si le projet a son exécution, de sorte que Lille sera, en quelque façon, déserte, et tous ses biens tomberont en non-valeurs.

La plus saine partie de ceux de ces professions sont des menus officiers de police, qui tenaient leurs charges des Magistrats de Lille avant que le Roi les eût érigées en titres d'offices héréditaires pour en tirer une finance considérable, ainsi que Sa Majesté a fait pour soutenir la guerre terminée par les traités de Ryswick.

Les Magistrats de Lille, ayant reconnu que l'on aurait fait chose agréable au Roi de reprendre ces offices de police, ont convenu avec le traitant pour la somme de cent septante mille livres et les 2 sols pour livre, et ils ont régalé cette finance sur tous ces officiers qui se sont épuisés pour se conserver ces petits emplois et le travail qui en dépend, au moyen de quoi ils subsistent.

Si ce projet a son exécution, il faut que les Magistrats remboursent ces officiers pendant qu'ils n'ont aucun fonds et qu'ils se sont entièrement épuisés depuis le commencement de la guerre précédente jusqu'à présent, de sorte qu'ils sont fort arréragés, sans argent et sans crédit. Avec quoi donc faire ces remboursements ?

Tant de ces petits officiers que de plusieurs autres qui gagnent leur vie par le travail qui se présente à raison des marchandises qui arrivent dans Lille par les haute et basse Deûle transportées d'un rivage à autre, renfermées dans les magasins et en après voiturées de Lille par terre pour d'autres villes et lieux du plat pays, il y aura une infinité de familles qui seront absolument ruinées et obligées de passer ailleurs pour trouver de quoi vivre.

C'est par cette raison que ceux de Gand ont obtenu des privilèges de l'empereur Charles-Quint que l'on doit rompre charge à Gand, quoique l'on puisse aisément passer au travers de Gand par eau pour aller jusqu'à la mer, et c'est pour cela encore qu'ils se sont opposés de toute leur force toutes les fois et quantes on a voulu donner atteinte à ces privilèges.

Ces motifs militent également en faveur de la ville de Lille, et, lorsque le Roi a ordonné l'agrandissement et la construction de la citadelle, on a proposé de la part de Sa Majesté de communiquer la haute Deûle avec la basse Deûle et de faire passer ce canal au travers de la ville. Quoique cette proposition eût été bien moins dommageable que ce que l'on fait aujourd'hui en faisant cette communication au dessus de la ville, les Magistrats ont représenté au Roi de si bonnes et de si solides raisons pour que la communication ne se fît pas, que Sa Majesté a désisté de la communication proposée.

Les bateliers ne feront plus dans Lille leur séjour. Ce sera dans le plat pays où ils ne feront que passer. Lille sera privée de leur consommation et de celle que font ceux qui ont relation à la navigation d'aujourd'hui et au commerce pour ce qui arrivera dans Lille par eau, de sorte que, par le défaut de consommation de ces gens, le produit des impôts sera affaibli de plus de 50,000 florins par an, surtout si on considère la consommation des étrangers qui viennent à Lille à cause de la navigation et du commerce qui en résulte (1).

La ville de Lille lève des droits sur les bateaux qui arrivent dans Lille et qui y séjournent, aussi bien que sur les marchandises, dont elle sera privée.

Le produit du tonlieu du poids, appartenant au Roi, diminuera notablement.

Le tonlieu du travers vinage, appartenant pareillement à Sa Majesté,

(1) C'est aussi cet argument que, quarante ans plus tard, fit surtout valoir le sieur Battaille, négociant à Lille, dans un « Mémoire « contre la jonction projetée des rivières de la haute et basse « Deûle en la ville de Lille en Flandre », qu'il déclare « autant inutile pour le service du Roi qu'elle serait absolument ruineuse au commerce de Lille, à ses habitants... » (Archives de la ville de Lille, carton 233).

sera entièrement éteint parce qu'il n'est dû que sur les marchandises qui entrent dans la ville de Lille par eau.

Les moulins de Don appartenant à la ville de Lille, ceux de Wazemmes et de Lille appartenant à l'hôpital Comtesse, seront absolument ruinés, et on ne pourra plus s'en servir qu'en les rehaussant de 3 pieds, ce qu'on ne peut faire qu'avec une dépense très considérable, comme il est connu, car la dépense de les rehausser sera presque aussi forte que si on les faisait tout à neuf; plus, l'eau des canaux de Lille, étant, par une suite nécessaire, augmentée de 3 pieds, inondera toutes les maisons de la ville dont la situation n'est déjà que trop basse puisque, dans l'état où sont les choses à présent, les caves et bâtiments souterrains sont toujours inondés pendant l'hiver et dans l'abondance des eaux.

On vient de remarquer, Monseigneur, que l'exécution du projet causera une dépense immense, pour ne pas dire énorme. La ville de Lille n'a point de fonds destinés pour les fortifications. En l'an 1685, le Roi a fait connaître aux Magistrats de Lille que son intention était de faire des fortifications avancées hors le corps de la place. Sa Majesté a fait proposer qu'elle fournirait à la moitié de la dépense et que Lille paierait annuellement 60,000 florins, outre et par dessus 3,000 florins, pour l'entretien des fortifications tant et jusques à ce seulement que ces ouvrages avancés seraient achevés.

Il y a longtemps que ces ouvrages sont finis. Cependant, depuis 1685 jusqu'à présent, on a obligé les Magistrats de Lille au paiement de ces 63,000 florins annuellement, sans que Sa Majesté ait fourni la moindre chose de sa part.

Les suppliants ont fait, de temps en temps, de très humbles remontrances au Roi pour être déchargés de cette dépense, mais, l'état de ses affaires ne lui ayant point permis de leur rendre justice, ils sont toujours attendant un temps favorable qui permettra à Sa Majesté de la leur rendre.

Cette charge a entièrement dérangé les affaires de la ville de Lille, et la continuation achève de les ruiner entièrement car, sans avoir aucun fonds pour cette charge annuelle par dessus les autres charges ordinaires et extraordinaires, les suppliants ont payé, depuis 1685 jusqu'à présent, un million deux cent soixante mille florins.

Cela a été tiré, partie des revenus de la ville, et partie par des levées d'argent en constitution de rentes. La ville de Lille est, par cet endroit, en arrérages de plus d'un million, et ses charges excèdent son revenu annuel, passé longtemps, de plus de 50,000 écus. C'est ce qui fait continuellement grossir les dettes de la ville, qui serviront à l'abîmer s'il n'y est pourvu.

Il est douloureux de voir que les rentes dues par la ville aux particuliers, tant des nouvelles que des anciennes constitutions, ne peuvent se payer pendant que ceux à qui elles appartiennent se trouvent chargés par une multitude d'impôts, par des vingtièmes ordinaires et extraordinaires et capitations, dans un temps qu'il n'y a ni commerce ni manufactures, et qu'entre ces créanciers on y voit des gens dans la dernière disette, et même des pauvres gens qui ont donné leur vaillant à la ville pour avoir des rentes à fonds perdus, dans la vue d'avoir un revenu qui aurait pu les faire subsister le reste de leurs jours. C'est ce qui fait que la ville est dans le dernier discrédit. Que n'arriverait-il point par l'exécution de ce projet ?

Les suppliants, qui attendent tout de la justice du Roi dans un temps de paix pour mettre ordre aux affaires de la ville, et pour quoi ils entretiennent les habitants pour ne pas les désoler dans la conjoncture présente et tirer d'eux cependant ce que l'on peut pour le service du Roi, ont sujet d'appréhender que l'exécution du projet rendrait cette charge de 63,000 florins annuelle et perpétuelle et de se voir hors d'état de tenir parole aux habitants et moins encore de les soulager dans le temps de paix le plus favorable, car on ne peut regarder ce projet que pour un ouvrage d'une suite d'un bon nombre d'années et d'une dépense au delà de toute imagination, supposé la possibilité de l'exécution dont le succès est très incertain.

Il y a d'autant plus à craindre d'entrer dans cette proposition que les fonds des fortifications, dans les trois départements, ne produiront que peu de chose par rapport à la dépense énorme que causerait l'exécution du projet, car, quoique les 63,000 florins que l'on fait payer à la ville de Lille soient pour elle une chose que l'on devrait regarder comme impossible dans l'état où elle est, le reste des trois départements peut être regardé comme rien pour l'exécution d'un si grand projet, d'autant plus que l'on apprend que Saint-Omer ne paye rien à titre de fortification et qu'il en est peut-être de même du reste du pays d'Artois.

Ainsi, comme il n'est point à croire que le Roi se chargera de l'excédent, on a tout sujet de craindre qu'on le prendrait sur le pays à qui on ferait payer sa propre ruine.

Il ne faut point seulement regarder la dépense de cet ouvrage par rapport à l'excavation et transport des terres, mais aussi par la construction de 20 sas, de 10,000 écus chacun au moins, qu'il conviendra de faire depuis Arleux jusqu'à Gravelines, où on rencontrera des hauteurs et des difficultés qui peuvent être regardées comme insurmontables.

Que n'arrivera-t-il point, relevant la basse Deûle et la Lys de trois pieds ? Ce canal et cette rivière sont enrichis aux deux côtés de prairies très fructifiantes. Les eaux sont, en été, presque à la hauteur de la superficie de la terre, et, en hiver, elles sont inondées : c'est ce qui rend ces prairies considérables. On ne pourra pas diguer ce canal et cette rivière pour faire monter les eaux de trois pieds plus haut sans prendre les terres qui composent ces prairies. Elles seront entièrement perdues, tant par l'excavation que l'on fera pour les diguer que par les eaux qui descendront des hauteurs des deux côtés et qui demeureront en hiver et en été sur les prairies. Elles se corrompront et infecteront aussi l'air, indépendamment de la perte des prairies.

Les maisons, héritages et terres labourables, qui avoisinent ce canal et cette rivière, seront absolument perdus.

Les moulins qu'il y a le long de la basse Deûle, celui de l'Épinette, au village de Marquette sur le canal de la Marque, seront pareillement perdus. Ils sont situés sur Wàmbrechies, Quesnoy et Deûlémont.

Ce sera la même chose à l'égard des moulins de La Gorgue, d'Houplines, de Comines et de Menin, appartenant tous au Roi, à l'exception de celui d'Houplines, qui appartient au prince d'Isenghien.

Le commerce des lins est très considérable dans le pays. Les propriétaires des héritages qui abordent aux canaux des haute et basse Deûle, et même à la rivière de la Lys, ont creusé des fossés qui entrent dans leurs héritages et qui se communiquent avec les eaux de ces canaux et rivières. Ces fossés, vulgairement appelés montées, servent à mettre tremper les lins lorsqu'ils sont enveloppés de leur paille. C'est ce que l'on appelle rouir le lin. On ne peut point travailler le lin qu'il n'ait été quelque temps considérable dans ces fossés. Si le projet a son exécution, il ne sera plus possible de se servir de ces fossés pour rouir le lin. Ce sera, par là, absolument en ruiner le commerce.

Il est si considérable dans le pays que, lorsque les officiers de la juridiction des Eaux et Forêts, en vertu de l'ordonnance de l'an 1669 qui établit cette juridiction, ont voulu empêcher de rouir les lins à prétexte qu'ils laissaient une mauvaise qualité aux eaux qui faisait mourir le poisson, le Roi, sur les très humbles remontrances des Corps de villes et d'États de la frontière, a, par arrêt de son Conseil du 26 janvier 1704, interdit à ces officiers d'exercer leur juridiction à cet égard.

On dira peut-être que l'on fera des arrière-fossés pour faire entrer les eaux de distance en distance dans le canal et dans la rivière au dessous des sas en allant du côté de la mer, mais, outre qu'il ne sera plus question des montées et que l'on ne pourra, par conséquent, plus faire rouir les lins, il est remarqué, à l'endroit de la haute Deûle, entre Haubourdin et Lille, qu'on ne peut faire ces ouvrages sans grands frais et sans inconvénient. C'est encore bien plus ici où, à raison de la plus grande abondance d'eau et du plus bas terrain, on ne pourra le faire sans perdre presque entièrement ces prairies et même les terres labourables et sans grossir encore la dépense par plusieurs ouvrages de maçonnerie qui devront servir à conduire ces eaux.

On sera, par dessus cela, engagé dans la dépense qu'il faudra faire pour dédommager les propriétaires des fonds précieux dont on sera obligé de se servir depuis Arleux jusqu'à Gravelines, surtout si on prend égard au prix considérable des prairies.

Il y a bien encore d'autres réflexions à faire le long de la Lys, depuis Aire jusqu'à Menin. Il est de notoriété publique que, dans cette distance qui est d'environ 20 lieues par eau, ce sont aussi toutes prairies d'un prix considérable. Elles sont bonnes parce qu'en hiver elles sont couvertes de 2 à 3 pieds d'eau dont le limon les engraisse. Elles sont pourtant sujettes aux inondations pendant les temps d'été lorsqu'il vient des eaux abondamment par des orages ou des pluies continuelles. Il faudra encore diguer la plus saine partie de cette rivière dans cette étendue de pays, et c'est par ces temps d'orages ou de pluies continuelles que les foins de ces prairies se perdent. Il n'y a que deux ans que les eaux ont monté 10 pieds au dessus de leur hauteur ordinaire pendant l'été. Que n'arrivera-t-il pas lorsque les eaux, qui descendent des hauteurs, tomberont sur ces prairies et qui se trouveront arrêtées par les digues à faire ?

Ces digues, qui seront d'une étendue prodigieuse depuis Arleux jusques à Gravelines, exposeront le pays à beaucoup d'inconvénients et de malheurs. On sait qu'il faut de peu de chose pour les ouvrir ou les percer. Il y a d'autant plus à craindre que, dans la plus saine partie du pays, les fonds ne consistent qu'en terres tourbeuses, légères et très poreuses. Comme le canal sera plus haut de beaucoup que la superficie de la terre, tout le pays se trouverait inondé et perdu si les digues venaient à manquer.

Il y a encore à réfléchir que les eaux qui viendront d'Arleux et du Sensée par la haute Deûle enfleront notablement le canal de la basse Deûle et la rivière de la Lys.

Ce sera bien encore pis lorsque la rivière d'Aa sera communiquée à la Lys, car, outre que cette rivière est abondante en eau, elle est beaucoup plus haute que la Lys, elle ne retournera point du côté de Saint-Omer, du moins considérablement, parce que l'endroit, nommé le Fossé-Neuf, depuis la sortie de la rivière d'Aa jusqu'à Saint-Omer, est notablement plus haut, car on ne pourra point faire de canal sur le Fossé-Neuf, qui n'est qu'une distance d'environ 2 lieues, sans y construire 8 sas pour contenir les eaux avant que de venir au point de partage.

La Lys aura donc les eaux d'augmentation venant d'Arleux, du Sensée et de la rivière d'Aa. Elle aura bien encore une plus grande abondance d'eau de ce qui proviendra de Cassel et des environs qui inondent tous les pays d'alentour, et pourquoi les habitants de ces lieux font actuellement un canal depuis Cassel jusqu'à la Lys sur l'étendue de deux à trois lieues pour décharger leur pays de ces eaux, et ils le font, à ce que l'on apprend, de leur autorité.

Toutes ces augmentations d'eau rendront la Lys si abondante que tous les pays, moulins et bâtiments voisins, en seront gâtés et inondés depuis Aire jusqu'à Menin, et même depuis Menin jusqu'à Gand.

Les écluses ou portes d'eau qu'il y a à Saint-Venant, à La Gorgue, Frelinghien, Comines, Menin, Courtrai et Harlebeke, n'ont jamais été faites pour recevoir une si grande abondance d'eau.

Si, en l'année 1703, tous les foins de la Lys et de la basse Deûle ont été perdus parce que les portes d'eau dont on vient de parler n'étaient point assez larges pour écouler les eaux, il y a sujet de craindre, en cas d'exécution du projet, que tout le pays sera inondé et submergé depuis Aire jusqu'à Gand.

Cela donnera lieu au Conseil du Roi Catholique à Bruxelles, aux pays et villes de la domination d'Espagne, de faire des plaintes bien fondées, et peut-être ces eaux seront-elles assez fortes pour emporter les portes et leurs maçonneries.

Les propriétaires des moulins, maisons, héritages et prairies, inondés dans ces pays-là, demanderont aussi des dédommagements qu'on ne pourra pas refuser avec justice.

Il est encore à remarquer que l'on prétend faire à Gravelines un port de mer, dont la dépense sera considérable, et que ce port de mer ruinera assurément ceux de Dunkerque et de Calais et fera perdre l'utile que ceux de la Flandre française tirent par le mouvement continuel des voitures par terre venant de Dunkerque.

On ne parle point particulièrement de tous ces dommages parce que c'est aux communautés qui en souffriront de faire leurs remontrances et, à cet égard, lorsqu'elles auront connaissance du projet.

Il n'y a pas de nécessité, Monseigneur, d'exécuter ce projet pour avoir communication à la mer sans passer par les Pays-Bas espagnols, parce que cette communication est déjà tout entière à la faveur du port de Dunkerque, d'où on tire, en un jour d'été et en deux jours d'hiver, pour Lille, tout ce dont on a besoin par le pavé de Lille à Dunkerque, et les autres villes du pays tirent de Lille avec facilité tout ce dont elles ont besoin à la faveur des pavés et canaux qui conduisent de Lille à ces villes-là, pendant que, par le canal proposé, il faudra que les bateaux soient en route trois semaines pour venir de Gravelines à Lille.

Aussi est-il remarquable que les marchands se servent fort peu des rivières et canaux pour voiturer leurs marchandises, à raison qu'elles sont trop longtemps en chemin et les marchandises trop altérées et chargées au moyen des droits qu'on lève de distance en distance tant en Flandre que dans les pays d'Artois, Hainaut et Tournaisis, et de ce que l'on paye aux particuliers pour passer les sas, de sorte que tous les marchands conviennent qu'il y a un tiers de bénéfice de se servir plutôt de voiture par terre que par eau.

Au surplus, la communication de la mer ou la situation voisine n'est point un avantage. Saint-Omer et plusieurs autres villes sont voisines de la mer. Cependant les habitants n'en sont point à leur aise et le commerce n'en est point considérable. Ils voient passer, par des canaux, des marchandises qui vont du côté de la mer ou qui en viennent pour passer outre, et voilà tout, sans qu'il leur en revienne quelque chose.

La communication des rivières et canaux à la mer n'ont (*sic*) point accoutumé d'enrichir les villes. Gand, si voisine de la mer, au travers de laquelle passe l'Escaut, n'est pas une ville marchande. Audenarde a l'Escaut au travers de sa ville. Elle est cependant très pauvre. Ce ne serait rien de Tournai si on lui ôtait le Parlement et si on ne l'avait point rendue recommandable par les pavés qu'il y a de Tournai à Lille et autres villes. Avant que tout cela fût fait, Tournai n'était rien du tout. Cela est de notoriété publique.

Les suppliants espèrent, Monseigneur, que toutes ces raisons vous paraîtront assez pressantes et solides et qu'il n'en faut même qu'une pour ne point entrer dans l'exécution du projet. C'est la justice et la grâce qu'ils osent espérer de Votre Excellence (1).

LE MAGISTRAT DE LILLE A VAUBAN.

à Lille, le 14 septembre 1705.

Monseigneur,

Nous avons toujours eu tant de confiance en Votre Excellence à cause des bons offices que vous avez rendus au pays dans les occasions qui se sont présentées, que nous avons cru que le projet que vous avez fait l'honneur de proposer à nos députés d'établir la navigation

---

(1) Pièce originale dans le volume 1838 des Archives hist. de la guerre, en copie dans le carton 255 des Archives de la ville de Lille.

depuis la mer jusqu'à Arleux ne lui pouvait être aussi que très utile. Cependant, chacun ayant regardé depuis ses intérêts avec attention, on a trouvé que les villes et le pays en souffriraient notablement s'il avait son exécution.

Les Magistrats de Douai et ceux des autres villes le long de la Scarpe et de l'Escaut regardent l'exécution de ce projet comme la perte des villes qu'ils représentent. Ils ont fait des remontrances et on nous a pressés d'en faire afin que l'on n'en vienne point jusqu'à l'exécution. Ces remontrances se réduisent, Monseigneur, à ce que, par le détour que l'on prétend faire du canal sans le faire passer au travers des villes, (on) abolira presque entièrement le commerce et la navigation; ceux de Douai et de Tournai ajoutent qu'on les va priver des eaux qui viennent d'Arleux et du Sensée dans la Scarpe, que le produit des moulins qui sont le long de ce canal et de ceux d'Antoing et de Tournai en diminuera notablement, que la dépense à faire pour l'exécution du projet sera immense, que le produit des fonds destinés pour les fortifications sera d'un très petit objet par rapport à cette dépense, que Saint-Omer ne paye rien à titre de fortification. Il est à croire que c'est la même chose à l'égard du pays d'Artois, que ce qu'il y a de considérable dans les départements de MM. de Bagnols et de Barentin est ce que l'on fait payer à cette ville à titre de fortification quoiqu'elle n'ait aucun fonds pour ce sujet; qu'en 1685 le Roi a demandé à la ville de Lille 63,000 florins par an à compte des frais que le Roi serait obligé de faire pour la construction des fortifications avancées hors le corps de cette ville pour continuer seulement jusqu'à l'achèvement, à concurrence de la moitié, le Roi s'étant chargé de l'autre moitié; que le Roi n'a rien fourni; que ces fortifications sont achevées passé longtemps et cependant, attendu les besoins de l'État, on a obligé cette ville à continuer le payement de ces 63,000 florins qui ont été pris en partie des revenus de la ville et le reste en constitutions de rentes que l'on ne peut payer non plus que les anciennes constitutions; que si on entrait, Monseigneur, dans l'exécution du projet, il y aurait lieu de craindre que cette charge deviendrait perpétuelle. C'est ce que les autres villes craignent aussi : plus, que le produit des fortifications étant peu de chose par rapport à l'ouvrage proposé, il est encore à craindre, Monseigneur, que l'on charge le pays de l'excédent, chose qu'il ne pourrait supporter sans se voir d'ailleurs hors d'état de pouvoir jamais se rétablir. Il ne faut pas considérer seulement cet ouvrage par rapport à l'excavation, transport des terres, charpente, maçonnerie et autres accessoires, mais aussi par la perte que l'on fera des héritages que l'on prendra pour former des digues qui seront d'une vaste étendue si on compte depuis Arleux jusqu'à Gravelines; que ce sera encore une dépense très considérable, Monseigneur, si, pour donner passage aux eaux qui tomberont des hauteurs et qui seront arrêtées par les digues, on est obligé de faire des arrière-fossés qui devront être larges et profonds à cause des débordements d'eaux auxquels le pays est assujetti; que les héritages qui avoisinent les haute et basse Deûle et la rivière de la Lys, des deux côtés, consistent en prairies, maisons et terres labourables d'un prix très considérable; que l'on ne pourra rehausser ces canaux et rivières de 3 pieds, comme on le prétend, sans inonder les caves et bâtiments souterrains de cette ville et sans être dans la nécessité de démolir les moulins et écluses qui iront aussi à des dépenses immenses; que l'on sera absolument privé du commerce des lins qui fait l'un des principaux fruits du pays; que les eaux d'Arleux et du Sensée, joint à ce qui viendra de la rivière de l'Aa, et celles qui viendront aussi d'un canal que ceux de Cassel font faire de leur autorité, à ce qu'on nous a fait entendre, pour se décharger des eaux qui les incommodent en les faisant passer dans la Lys, seront si abondantes en eaux que la Lys et la basse Deûle déborderont en été comme en hiver. Il n'y a que deux ans qu'elles ont monté 10 pieds au delà de leur hauteur ordinaire pendant l'été, ce qui a fait perdre entièrement les foins de la Lys et de la basse Deûle. Cela est arrivé, Monseigneur, parce que les portes du sas qui sont le long de la basse Deûle et de la Lys jusques à Gand ne sont point assez larges pour donner passage à la quantité d'eau qu'il y avait dans ce temps-là. C'est ce qui fait craindre qu'une si grande abondance d'eau, surtout dans les temps d'orage et pluies continuelles, emporteront les portes d'eau et leur maçonnerie et que le pays sera inondé jusques à Gand. Si nous n'étions point aussi convaincus que nous le sommes, Monseigneur, que les raisons que nous avons l'honneur de vous représenter ne vous paraîtraient pas plus que suffisantes pour vous porter à (vous) désister de l'exécution du projet, nous prendrions la liberté de vous représenter encore plusieurs autres motifs également pressants, concourant à la même fin, mais, comme notre lettre n'est déjà que trop longue et que nous avons sujet de tout espérer de vos bontés pour le bien du pays, nous osons nous flatter que vous trouverez bon de laisser les choses dans l'état qu'elles sont; car nous ne nous étendrons pas, Monseigneur, à vous représenter que l'exécution du projet ruinerait plus de deux mille familles dans Lille; que nos impôts en diminueraient plus de 50,000 florins par an; que les droits douaniers que le Roi lève dans Lille seraient presque entièrement ruinés; que nous sommes en arrérages de plus d'un million; que nos charges excèdent par année nos revenus de plus de 50,000 écus et qu'il ne serait jamais plus possible de rétablir les affaires de cette ville obérée, pour laquelle cependant vous avez toujours eu tant de considération jusqu'à présent. Enfin ce qui reste à dire, Monseigneur, est encore plus pressant que tout ce que nous venons de dire, mais on ne finirait jamais et ce serait vous être trop à charge, chose que nous voulons éviter pour conserver toujours l'honneur de votre bienveillance et de votre puissante protection, et, dans cette confiance, nous avons l'honneur d'être, avec un très profond respect, etc. (1).

Le Magistrat de Lille, de concert avec ceux de Douai et de Tournai, s'adressa en suppliant au gouverneur de la ville et de la province, au duc de Boufflers (2), et à l'intendant de la Flandre wallonne, M. Dugué de Bagnols (3). Il les conjura de lui venir en aide, de prendre sa défense auprès de Chamillart et du Roi et de lui épargner la construction de ce canal appelé à plonger le pays dans une nouvelle misère.

Boufflers et l'intendant se firent les défenseurs zélés de la cause de leurs subordonnés. Ils croyaient aussi que Vauban voulait passer à l'exécution immédiate de ses projets, et, au spectacle de la détresse générale de cette frontière, ils jugeaient l'entreprise irréalisable. Bien plus, étourdis et emportés par le tourbillon de plaintes qui montait de toutes parts jusqu'à eux, ils allèrent jusqu'à partager l'incrédulité générale sur les avantages de cette navigation.

M. Dugué de Bagnols n'avait pas attendu le retour de Vauban à Paris pour saisir le ministre de la guerre des craintes de ses subordonnés. Rendant compte à Chamil-

---

(1) Archives de la ville de Lille, carton 240.

(2) Le duc de Boufflers avait obtenu, en 1694, à la mort du maréchal d'Humières, le gouvernement de la Flandre et de Lille où il devait s'immortaliser, en 1708, par quatre mois d'une héroïque défense contre les forces réunies d'Eugène et de Marlborough.

(3) M. Dugué de Bagnols occupa, de 1684 à 1708, l'intendance de la Flandre wallonne. Comme intendant d'armée, il rendit les plus grands services à Luxembourg pendant ses campagnes de Flandre. Saint-Simon le dépeint « très capable et supérieur à son emploi ».

lart, le 4 août 1705, de l'arrivée du maréchal en Flandre « avec de grands projets », il prenait à partie son imagination « vive et féconde » qui ne lui permettait pas « de demeurer en repos dans le temps que la Flandre française en aurait grand besoin ». Cette province se trouvait dans l'impossibilité de faire face aux dépenses d'un canal de l'Escaut à la mer, dont le succès apparaissait d'ailleurs « incertain ». Le pays, « alarmé de ces nouveautés », demandait la permission d'envoyer une députation à Versailles « pour s'opposer à ce projet... Je prends la liberté de vous proposer, disait l'Intendant, pour rendre un peu de tranquillité au pays qui en a besoin, d'écrire à M. le maréchal de Vauban que vous serez bien aise de voir ses projets l'hiver prochain et d'en conférer avec lui, et cependant, pour ne point trop alarmer le pays qui en prévoit et en appréhende la dépense, de ne plus parler de leur exécution et de la remettre à l'année prochaine. Cependant je prendrai sous main des connaissances, et je me mettrai en état de vous donner mon avis sur ces magnifiques desseins quand (vous) me le demanderez (1) ».

Suivant le conseil de l'intendant, Chamillart écrivit à Vauban, le 21 août 1705 : « J'apprends par différents endroits que vous faites des projets pour les Flandres, dont l'utilité pourra éterniser votre mémoire lorsque les temps seront devenus assez favorables pour les exécuter. Vous connaissez mieux que personne les embarras présents de ce pays-là et l'impossibilité qu'il y a de lui imposer de nouvelles charges, encore moins de lui faire porter la dépense d'une députation telle que l'on veut la faire. Vous parlerez pour eux, et cela leur suffira... (2) ».

Le maréchal de Boufflers ne se montra pas moins

(1) M. de Bagnols à Chamillart, Bruxelles, 4 août 1705. (*A. H. G.*, vol. 1841.)

(2) *A. H. G.*, vol. 1819.

ardent que M. Dugué de Bagnols à user de son crédit pour détourner de la Flandre les calamités que, suivant l'opinion générale, la construction d'un canal de Lille à la mer devait attirer sur cette province, et, le 16 septembre 1705, il faisait personnellement auprès du Roi une démarche à la suite de laquelle il écrivait, le même jour, au Magistrat de Lille : « ... Sa Majesté, avec sa bonté ordinaire pour tous ses sujets, m'a dit qu'Elle ne voulait rien faire en cela qui pût porter préjudice à la ville de Lille ni à aucun de ses sujets de Flandre et d'Artois, de l'affection et du zèle desquels Elle était très satisfaite, et qu'Elle donnerait de nouveaux ordres pour examiner plus à fond cette proposition et surseoir cependant toutes choses, tant ce que l'on propose de faire présentement autour de Lille que le grand projet. J'en ai parlé ensuite à M. de Chamillart, qui m'a paru dans toute la disposition possible de vous faire plaisir et m'a dit qu'il recevrait les ordres du Roi pour faire suspendre toutes choses. J'aurai soin de le revoir encore sur cela, et je n'oublierai rien de tout ce qui pourra dépendre de moi pour vous rendre en cela, comme en toutes autres choses, tant à la ville de Lille qu'à toute la province, tous les services qui seront de mon pouvoir, vous recommandant cependant une entière soumission et obéissance aux ordres de Sa Majesté au cas qu'après l'examen plus à fond de ce projet, Elle jugeât du bien de son service de le faire exécuter... (1) ».

Non content de s'assurer à la Cour de ces puissants appuis, le Magistrat de Lille chargeait confidentiellement un de ses agents à Paris, le sieur Correur, d'user de toute son influence auprès de Chamillart et de son entourage pour faire échouer les projets de Vauban. Il lui adressait, le 11 septembre 1705, par son procureur syndic Herreng,

(1) Le maréchal de Boufflers au Magistrat de Lille, Marly, 16 septembre 1705. (Arch. de la ville de Lille, carton 233.)

l'un des adversaires les plus résolus de la construction du canal (1), une lettre pressante où il lui recommandait d'entourer ses démarches du plus grand secret afin qu'elles ne pussent être éventées par les partisans du projet dont cette lettre nous révèle les noms ; « J'ai l'honneur de vous envoyer, Monsieur, de la part de MM. du Magistrat, une lettre qu'ils écrivent à monseigneur Chamillart avec un mémoire de remontrances qu'ils lui adressent pour que le Roi n'exécute pas la proposition, qui lui a été faite, de faire un canal pour se communiquer à la mer depuis Arleux jusques à Gravelines... Vous verrez qu'il s'agit d'une affaire de la dernière conséquence et que l'on ne peut exécuter le projet dont il s'agit sans ruiner le pays et particulièrement la ville de Lille. Comme il y a quelques personnes qui sont prévenues pour le projet et qu'ils (*sic*) en sont même si coiffées qu'elles traverseraient les remontrances si elles en avaient connaissance, il est de la dernière conséquence que personne ne le sache. La chose demande même un secret impénétrable. Il y a déjà des remontrances de Douai, de Saint-Amand et de Tournai, sur ce sujet, adressées à monseigneur Chamillart, et même quelque chose de renvoyé à l'avis de M. de Bagnols. Il est important que les remontrances de Lille prennent incessamment la même route...

« Je dois vous informer, Monsieur, que MM. Hangouart et Lespagnol (qui sont du nombre des prévenus pour le projet) ont une relation tout entière avec les commis du ministre, particulièrement avec M. Gardien qui est entièrement à Mme la princesse d'Espinoy (1), laquelle

(1) Herreng à M. de La Haye, commissaire au renouvellement du Magistrat, Lille, 14 septembre 1705 : « ... N'est-il pas horrible et déplorable, Monsieur, de voir que l'exécution du projet va gâter le plat pays comme les villes, et cependant MM. les baillis dans l'inaction ?... » (Arch. de la ville de Lille, carton 240.)

(2) Thérèse de Lorraine, veuve, depuis 1704, de Louis de Melun,

est aussi du parti du projet... M. le maréchal de Vauban, auteur de ce projet et d'ailleurs parfaitement bien intentionné pour le pays, croirait qu'on lui ferait la dernière injustice s'il savait que l'on traverserait son projet, et il en saurait peut-être du mal à MM. du Magistrat de Lille, s'il savait qu'ils auraient fait des remontrances pour le faire échouer, et le public en pourrait souffrir considérablement. C'est pour cela que ces Messieurs voudraient bien réussir dans ce qu'ils requièrent sans qu'il sache d'où cela vient, outre qu'ils seraient fâchés de faire quelque chose qui pût lui déplaire parce qu'il s'est toujours appliqué à faire du bien à la ville de Lille...

« Je dois encore vous informer que M. Le Peletier de Souzy est pour le projet de M. de Vauban. On prétend qu'il a été arrêté entre eux à l'intervention de MM. Hangouart et Lespagnol qui y ont donné les mains un peu trop légèrement. Ainsi il faut faire en sorte que cette affaire ne passe point par les mains de M. Le Peletier ni par celles de M. son fils... (1) ».

Grâce au crédit de ses puissants protecteurs, le Magistrat de Lille obtenait gain de cause sur-le-champ. Dès le 17 septembre 1705, le maréchal de Boufflers était en mesure de lui annoncer son entière victoire. Chamillart, suivant la promesse faite au maréchal, avait pris, dans la soirée du 16, les ordres du Roi sur les projets de Vauban : « ... Il m'a dit ce matin, écrivait Boufflers au Magistrat de Lille, que Sa Majesté a ordonné de suspendre entièrement tout ce qui a rapport au dit canal, dont je me réjouis avec vous puisque vous croyez que ce travail porterait un préjudice considérable à la ville de Lille et au pays. Si, par hasard, il se faisait quelque chose, sur

---

prince d'Espinoy. Elle possédait de grands biens en Flandre et aux Pays-Bas.

(1) Herreng à Correur, Lille, 11 septembre 1705. (Arch. de la ville de Lille, carton 233.)

cela, contraire à ce que je vous marque, je vous prie de m'en donner avis et d'être très persuadés, Messieurs, qu'en tout ce qui pourra s'accorder avec le service et les intentions du Roi, je m'emploierai toujours de mon mieux, et avec amitié et affection, pour tout ce qui sera de votre bien et de votre avantage et que je ne perdrai jamais d'occasion de vous faire connaître la passion très sincère avec laquelle je suis, Messieurs, très absolument et très parfaitement à vous (1) ». Et dans un post-scriptum à cette même lettre, le maréchal vantait le concours précieux que Chamillart lui avait prêté pour faire triompher, auprès du Roi, la cause du Magistrat de Lille : « Je suis obligé de vous dire que M. de Chamillart vous a rendu, en cette occasion, toutes sortes de services, et que vous lui avez obligation. Il m'a paru tout à fait porté à vous faire plaisir ».

Cette bonne nouvelle était bientôt confirmée au Magistrat par son agent, le sieur Correur, qui s'empressait, le 19 septembre 1705, de faire part au procureur syndic, Herreng, du succès de sa mission auprès de Chamillart : « ... A peine ai-je ouvert la bouche pour lui parler de l'affaire en question qu'il me dit que je pouvais être en repos et que je n'avais rien à craindre pour cette affaire qui, tout au plus, (n')aurait son exécution qu'à la paix. Il sourit en me disant ce dernier mot. Je lui dis qu'en quelque temps que pourrait arriver cette exécution, elle ruinerait le pays et que nous aurions toujours recours à sa bienveillance et à sa bonté pour tâcher de l'empêcher. Il me fit signe de la tête et je le quittai (2) ».

Enfin, en plus de ces témoignages qui ne lui laissaient

(1) Le maréchal de Boufflers au Magistrat de Lille, Marly, 17 septembre 1705. (Arch. de la ville de Lille, carton 233.)

(2) Correur à Herreng, Paris, 19 septembre 1705. (Arch. de la ville de Lille, carton 233.)

aucun doute sur l'heureuse issue de ses démarches, le Magistrat recevait de Chamillart lui-même l'assurance formelle qu'aucun des projets de Vauban ne serait mis en discussion avant la paix. Le 18 septembre 1705, le ministre l'en informait en ces termes :

« Messieurs,

« J'ai reçu la lettre que vous m'avez écrite le 11e de ce mois et le mémoire qui y était joint des représentations que vous faites sur le grand (1) et le petit projet (2) de M. le maréchal de Vauban. J'en ai rendu compte au Roi qui a bien voulu y avoir égard, et Sa Majesté a donné ses ordres à M. Le Peletier pour en suspendre l'entière exécution jusques à ce que partie de ces ouvrages se puisse faire, même le tout, s'il est jugé nécessaire, dans un temps plus heureux et de concert avec le pays. Ainsi vous devez cesser vos alarmes.

« Je suis, Messieurs, votre très affectionné serviteur (3) ».

Le même jour, le ministre informait Vauban du retard que le Roi avait résolu d'apporter à l'exécution de ses vues : « Les représentations qui viennent au Roi de toutes parts sur le projet que vous avez fait pour creuser un canal depuis Arleux jusqu'à Gravelines ont déterminé Sa Majesté à en suspendre l'entière exécution jusques à ce que partie de ces ouvrages se puissent faire, même le tout s'il est jugé nécessaire, dans un temps plus heureux

(1) Le canal de l'Escaut à la mer.

(2) Le canal de jonction de la haute Deûle à la basse Deûle.

(3) Chamillart aux Mayeur, Échevins, Conseil et Huit Hommes de la ville de Lille, Marly, 18 septembre 1705. (Lettre originale dans le carton 233 des Arch. de la ville de Lille; lettre en minute dans le volume 1821 et lettre en copie dans le volume 1838 des Arch. de la Guerre.)

et de concert avec le pays. J'ai cru que je devais avoir l'honneur de vous en informer (1) ».

Cette décision du Roi fut accueillie avec une joie sans partage dans l'Artois et dans la Flandre comme si les villes et les campagnes venaient, par là, d'échapper à un insigne fléau. Chamillart et Boufflers reçurent les témoignages les plus expressifs de la reconnaissance du Magistrat de Lille. Dans sa lettre de remerciements à Boufflers, du 20 septembre 1705, il déclare que « la province et particulièrement cette ville ne peuvent rien ajouter aux obligations qu'ils (*sic*) ont à Votre Excellence. Il n'y avait rien de plus ruineux ni de plus contraire que l'exécution du canal proposé. Nous regardons la déclaration que le Roi vient de faire pour l'inexécution de ce projet comme l'ouvrage de vos mains. Nous en conserverons, quoi qu'il arrive, une reconnaissance qui ne finira qu'avec nous. Cependant nous ne manquerons jamais d'avoir une soumission et obéissance tout entières aux ordres de Sa Majesté. Nous avons l'honneur d'écrire à M. Chamillart pour lui rendre grâces très humbles des bons offices qu'il nous a aussi rendus à ce sujet en rendant, Monseigneur, l'honneur qui est dû à votre recommandation (2) ».

---

(1) Chamillart à Vauban, Marly, 18 septembre 1705. (*A. H. G.*, vol. 1821.)

(2) Le Magistrat de Lille au maréchal de Boufflers, Lille, 20 septembre 1705. (Arch. de la ville de Lille, carton 255.)

La lettre du Magistrat de Lille à Chamillart était ainsi conçue :

« Monseigneur,

« Nous venons d'apprendre, par Monsieur le maréchal de Boufflers, gouverneur de la province, les bons offices que Votre Excellence a eu la bonté de nous rendre auprès du Roi à l'occasion d'un canal que l'on prétendait faire depuis Arleux jusqu'à Gravelines pour avoir communication avec la mer. Nous avons l'honneur, Monseigneur, de vous en rendre grâces très humbles. Cette affaire était de la dernière conséquence pour le pays et particulièrement pour cette ville. Nous

Quand, vers la fin de 1705, Boufflers fit son entrée dans la capitale de son gouvernement, les Magistrats des villes de Lille, Douai et Tournai, accoururent à l'envi pour lui exprimer de vive voix leur gratitude, et le gouverneur de la Flandre se faisait l'écho de leur remerciements et de leurs véritables sentiments en écrivant à Chamillart, le 2 novembre 1705 : « ... Les États et les peuples de ce pays-ci m'ont témoigné bien de la reconnaissance de la bonté que le Roi a eue de suspendre jusques après la paix le grand et le petit projet du canal proposé pour la jonction de la haute et basse Deûle, et de là jusques à la mer. Je vous assure que ce n'est pas seulement quelques particuliers de cette ville qui en étaient alarmés, comme on a voulu le faire entendre au Roi : c'est la province tout entière, et, depuis mon arrivée ici, les États et les Magistrats de Tournai en corps, ceux de Douai et tous les Magistrats de cette ville (Lille), m'en sont venus remercier et m'ont prié d'en témoigner leur reconnaissance à Sa Majesté. Ils sont aussi, Monsieur, très reconnaissants des bons offices et de la protection que je leur ai témoigné que vous leur avez accordés en cette occasion, qui est pour eux d'une très grande importance et qui méritera, je vous assure, une attention des plus sérieuses, quand il s'agira de résoudre quelque chose sur ces deux projets, pour ne pas tomber dans l'inconvénient de désoler et ruiner ces pays-ci, par

---

en conserverons une obligation qui ne finira jamais, car la postérité s'en ressouviendra toujours.

« Nous avons l'honneur d'être avec un très profond respect, Monseigneur, vos très humbles et très obéissants serviteurs.

« *Les Rewart, Mayeur, Échevins, Conseil et Huit Hommes de la ville de Lille en Flandres.*

« HERRENG. »

Lille, le 20 septembre 1705 (*a*).

(*a*) *A. H. G.*, vol. 1832, pièce originale.

un mal réel et effectif, par lequel il faudra de nécessité commencer en voulant leur procurer des avantages fort douteux, fort incertains et fort coûteux. On les prétend en ce pays-ci entièrement imaginaires et fondés sur les intérêts de quelques particuliers, sur quoi j'aurai l'honneur de vous entretenir plus à fond, à mon retour à la Cour (1) ».

C'est ainsi que, par la voix de leur gouverneur, Lille et la Flandre condamnaient le projet de Vauban dont on ne se contentait plus de mettre en doute les avantages, mais que l'on traitait tout haut de chimérique et qu'on osait déclarer inspiré à son auteur par le misérable désir de servir les intérêts particuliers de quelques intrigants. Après avoir vu à l'œuvre les détracteurs de Vauban, il est temps que nous entendions, pour sa défense, le maréchal lui-même. Ses adversaires s'étaient plu à le représenter comme impatient de commencer les travaux du canal de l'Escaut à la mer. Or Vauban connaissait trop bien l'épuisement des peuples, au cours de cette guerre désastreuse de la Succession d'Espagne, pour leur imposer un surcroît de misère. Depuis plusieurs années, il travaillait à l'achèvement de sa *Dîme Royale.* Son cœur saignait au spectacle du royaume appauvri et ruiné, que ses voyages continuels lui mettaient sous les yeux, et il cherchait ardemment le remède à tant d'infortunes. Le mobile, auquel Vauban obéissait en faisant cette reconnaissance des rivières de la Flandre, s'inspirait de ces sentiments nobles et élevés. Dans la crainte d'être arrêté bientôt, au cours de ses travaux, par la maladie et la mort, Vauban n'avait point voulu différer plus longtemps la mise à l'étude de ce canal de l'Escaut à la

(1) Boufflers à Chamillart, Lille, 2 novembre 1705. (*A. H. G.*, vol. 1839.)

mer. Il voulait donner à son Roi, en toute connaissance de cause, un dernier avis d'une importance capitale, et laisser à la Flandre comme un inoubliable bienfait, comme le testament de son génie et de son cœur, les plans d'un vaste réseau navigable qui, réalisé un jour, deviendrait une source inépuisable de richesses pour cette contrée. Comme il dut être pénible à ce grand citoyen de voir ses intentions les plus pures ainsi dénaturées et méconnues. Un des hommes les mieux placés pour apprécier le chagrin que devait causer au maréchal l'aveugle opposition du Magistrat de Lille, M. de la Haye, investi depuis 1699 des importantes fonctions de commissaire au renouvellement du Magistrat, écrivait à un de ses amis, le 23 septembre 1705 : « Ce qu'il y a de consolant pour ces Messieurs (du Magistrat), c'est que, s'ils n'ont pas le plaisir de faire claquer leurs fouets et de gagner beaucoup d'argent par des députations, ils auront au moins celui d'avoir brouillé la ville, la province et bien des particuliers, avec un homme bienfaisant, à qui tout ce que je viens de dire a mille obligations très essentielles. Voilà ce qui me fait de la peine en vérité et de quoi l'on est cause lorsqu'on trahit son devoir en ne représentant pas d'abord ce qu'on devrait, sans laisser embarquer les choses assez avant pour donner du chagrin et de la mortification à celui qui est l'auteur du projet, qui ne mérite pas, par son bon naturel et son humeur bienfaisante, qu'on lui en donne celui-ci qu'il était aisé à qui vous savez de détourner... (1) ».

Quant à Vauban, il éprouva, le 16 septembre 1705, à la lecture des étranges arguments mis en avant par le Magistrat de Lille pour combattre ses projets, un vif sentiment de stupeur et d'indignation, et, prenant aussitôt la

(1) M. de la Haye à X..., au Biez, ce 23 septembre 1705 au soir. (Arch. de la ville de Lille, carton 232.)

plume, il lui adressa cette réponse, toute vibrante encore de son émotion première, qui s'y donne libre cours :

A Paris, le 16 septembre 1705.

J'ai reçu, Messieurs, la lettre que vous avez pris la peine de m'écrire du 14 de ce mois, contre le projet que j'avais conçu avec vous d'une navigation qui aurait sans doute été très avantageuse au commerce de votre ville et de tout le pays. Cette lettre contient tant de raisons extraordinaires et auxquelles je ne me serais jamais attendu, que les cornes ont pensé m'en venir à la tête. Je ne m'amuserai pas à la réfuter article par article parce que je ne veux point de procès, mais je la garderai pour la rareté du fait, afin d'avoir le plaisir de la lire aux premiers députés qui viendront ici de la ville et des États de Lille et de leur faire voir combien vous êtes éloignés du vrai sens de la chose. Il y a 50 ans et davantage que je me mêle de manier des fortifications et des eaux, et je crois ne pas trop présumer de moi quand je vous dirai que j'en entends assez bien la conduite pour prévenir tout le mal qu'on en pourrait craindre : de quelque manière qu'on le veuille entendre, non seulement j'avais pris les mesures nécessaires pour empêcher le dommage que les inondations auraient pu faire aux prairies, mais aussi aux moulins. Mon intention n'a point été, en vous donnant de l'eau, d'en ôter une goutte à personne de celle qui leur est nécessaire. J'ai fait un voyage en ce pays-là où je me suis donné beaucoup de peine et d'application dans la seule vue de vous faire plaisir car je n'y ai nul intérêt, mais, puisque vous n'en voulez pas, vous n'en aurez point, et je vous promets que, de ma vie ni de mes jours, je ne me mêlerai de vos affaires ni pour bien ni pour mal.

Je suis toujours, Messieurs, votre très humble et obéissant serviteur.

LE MARÉCHAL DE VAUBAN (1).

Puis, l'indignation du premier mouvement calmée, le naturel généreux de Vauban ne tarda pas à reprendre le dessus, et, deux semaines plus tard, s'il sentait encore cruellement la blessure faite à son amour-propre, il était prêt à rendre le bien pour le mal. Au rewart, M. de

(1) Lettre originale, avec signature autographe. (Arch. de la ville de Lille, carton 235.)

Saint-Marcq, il adressait, le 2 octobre 1705, la belle lettre qui suit, où il se déclare prêt à poursuivre son œuvre car il « aime la ville de Lille » au point de vouloir bien lui procurer tous les avantages qui dépendent de lui sans prétendre au moindre remerciement :

A Paris, le 2 octobre 1705.

J'ai reçu, Monsieur, la lettre que vous avez pris la peine de m'écrire du 29 du passé en réponse de la mienne, par laquelle je vois bien que vous sentez la mauvaise humeur de Messieurs vos confrères qui m'ont fait l'honneur de m'écrire la plus irraisonnable lettre et la moins sensée qui fût jamais. Je veux bien leur en épargner la confusion parce que j'aime la ville de Lille et que je voudrais pouvoir lui procurer tous les biens qui pourraient dépendre de moi, sans même en prétendre le moindre remerciement. Mon intention n'est pas de nuire à personne ni de faire tort d'un denier à qui que ce soit, non plus que de rien proposer qui ne soit utile. Je sais, Dieu merci, encore bien ce que je fais et n'ai point oublié la manière de gouverner les eaux pour les rendre utiles et non dommageables. Toutes les brailleries de vos Messieurs ne m'empêcheront pas d'aller mon train, car je suis bien sûr qu'on m'en saura gré après. Au surplus, je n'ai jamais pensé de proposer un ouvrage de cette considération par le temps présent. J'en suis fort éloigné, mais bien pour quand la paix sera bien établie, bien affermie, que tout sera tranquille et qu'on se sera un peu raccommodé, et cela de la manière la plus douce, la moins chère et la plus supportable qu'il sera possible.

Quant à présent, nous n'avons dessein, M. Le Peletier et moi, que de faire la communication de la haute à la basse Deûle et de rapprocher les eaux de la haute Deûle par celles du Sensée que nous prendrons au dessus du sas de Lambres. C'est une dépense que nous pourrons aisément faire en deux années avec les seuls fonds de Lille destinés à la fortification, de quoi ni plus ni moins la ville ne sera point déchargée. Il ne faut pas même qu'elle y pense. Cela étant, ne vaut-il pas mieux l'employer à quelque chose qui puisse lui être utile que de l'employer à une fortification dont elle se peut passer quant à présent, ne voyant rien qui la puisse mettre en danger de longtemps. Messieurs du Magistrat, ou ceux qui composent leurs lettres, n'ont pas honte de me mander, à moi, que ce canal ferait mourir de faim 2,000 personnes à Lille. Où sont ceux que le canal de cette ville à Douai a fait périr ? On a pourtant crié de la même façon la même chose à Douai et même à Lille. Cependant, Dieu merci, nous n'avons rien vu de tout cela, et je suis bien sûr que ces deux villes ne voudraient pas que ce canal fût à faire. Or est-il qu'il serait toute autre chose si toutes les suites qui pourraient convenir à son accompagnement étaient faites. Je ne veux point entrer plus avant là dedans parce que je suis fâché qu'on prenne si mal une bonne volonté que je puis dire sincère et intelligente comme la mienne, qui n'est portée qu'à leur procurer tout le bien et les plaisirs possibles.

Je suis, Monsieur, toujours très parfaitement à vous.

LE MARÉCHAL DE VAUBAN (1).

Vauban sait aussi qu'un moyen efficace de ramener ses contradicteurs, dont la plupart se sont déchaînés contre son projet sans le connaître et sans donner le temps, à son auteur, d'en développer l'économie, consiste à les éclairer et à détruire, par le simple exposé de sa conduite, leurs préjugés. Le 30 janvier 1706, ayant eu l'occasion de recommander à M. Dugué de Bagnols un de ses compatriotes, le sieur Jofrenau, entrepreneur de l'hôpital d'Anvers, il en profite pour exposer à l'intendant le but qu'il s'était proposé, l'année précédente, dans sa visite des canaux et des rivières depuis l'Escaut jusqu'à la mer.

Je me sers de cette occasion, Monsieur, pour éclaircir un fait dont, apparemment, vous avez été informé tout de travers. La campagne dernière, les eaux étant fort basses partout, par l'extrême sécheresse qu'il fit, et me trouvant sans occupation, je fis dessein de faire un voyage en Flandre et de faire la visite de l'état des rivières du pays pour voir si on pourrait communiquer nos grandes places les unes aux autres et à la mer indépendamment de celles d'Espagne et de Hollande, et voici un chemin qui m'a paru très possible, qui est : de Dunkerque à Bergues par le canal de ce nom, de Bergues à Saint-Omer par la Colme et l'Aa, de Saint-Omer au fort François, près d'Aire, par le Neuf-Fossé, du fort François à Lille par la Lys et la

---

(1) Copie de la lettre écrite par Monseigneur le maréchal de Vauban à M. de Saint-Marcq, rewart de la ville de Lille. (Arch. de la ville de Lille, carton 233.)

Deûle, de Lille à Tournai par la Marque et le ruisseau de Chin (celle-ci serait faible et ne serait navigable qu'une partie de l'année, mais ce serait toujours beaucoup), de Tournai à Condé par l'Escaut, de Condé à Valenciennes par le même et de Valenciennes à Bouchain et Cambrai, le tout en accommodant les rivières, les diguant et faisant des canaux et écluses où il en faudra faire. Voilà la branche gauche de cette navigation qui se fourche à Lille.

Reprenons la droite. De Lille au fort de l'Escarpet par son canal, du fort de l'Escarpet à Douai et Arras où la navigation est établie et où il ne faut que l'entretenir. Au dessus de Douai, il y a un petit fourchon de canal à faire par un ruisseau tiré du Sensée qui vient des marais d'Arleux où il y a beaucoup d'eau. Comme elle est bien plus élevée que celle de la Scarpe, on en a tiré un ruisseau qui est assez fort et qui se peut aisément rendre navigable, lequel entre dans la Scarpe au dessus du Sas de Lambres d'où on peut reprendre pareille quantité d'eau pour la conduire, par l'avant-fossé de Douai, dans le canal de Lille qui en manque beaucoup et la ville encore plus. Voilà la visite que j'ai faite où j'ai trouvé qu'il était très possible d'établir là une très bonne navigation. J'en fais un mémoire que je ferai imprimer avec tous les plans nécessaires pour bien éclairer le fait, après quoi j'en donnerai copie à qui il appartiendra, après en avoir rendu compte au Roi. Cette tournée que j'ai faite volontairement et sans aucun dessein, ni même approchant, de proposer l'exécution pour le temps présent, sachant fort bien qu'il n'est nullement propre pour travailler à de semblables ouvrages, bien que ce fût le plus grand bonheur qui pût arriver en ce pays-là, et que je n'ai uniquement faite que pour leur procurer un plaisir utile, n'a pas laissé d'exciter un grand murmure, les uns d'une façon, les autres d'une autre, dont une infinité de plaintes sont revenues ici sans que la plupart de ceux qui les ont faites sachent encore de quoi il est question; ceux qui l'ont plus applaudi en ma présence l'ont le plus dénigré en mon absence. M. le maréchal de Boufflers, sans savoir ce que c'était, a bien voulu se mettre à la tête de tout cela et s'en est plaint à ceux qui l'ont voulu entendre, mais non à moi, disant qu'il n'y avait que trois personnes qui ne savaient pas ce qui se passait dans son gouvernement et qui étaient le plus en droit de le savoir. Ces trois personnes sont : lui, vous et M. de Montbron (1), car c'est ainsi qu'il a parlé. Si ce discours s'était adressé directement à moi,

(1) De Montbron (François de Montbron de Tourvoyé, comte), lieutenant général des armées du Roi. Il était aussi, depuis 1679, lieutenant général au gouvernement de Flandre.

je lui aurais répondu, et peut-être que je lui aurais fait entendre que, n'en ayant pas encore rendu compte au Roi, je ne devais pas commencer par lui. Voilà, Monsieur, en gros, le fait tel qu'il est. Quand vous en verrez le mémoire, j'ai peine à croire que vous condamniez le dessein.

Je suis toujours très parfaitement, Monsieur, votre, etc... (1)

Ainsi qu'il s'en ouvrait à M. de Bagnols, Vauban ne tardait pas à mettre la dernière main à un grand mémoire qu'il intitulait : « Projet de navigation, au moyen de laquelle on pourrait communiquer la Flandre gallicane, l'Artois, le Hainaut, le Cambrésis, à Dunkerque, à Gravelines, même à Calais, sans être obligé de passer sur les terres d'Espagne ou de Hollande (2) ».

Au début de ce mémoire, le maréchal fait ce magnifique éloge du Hainaut, du Cambrésis, de l'Artois, des

(1) Copie de la lettre du maréchal de Vauban à M. de Bagnols, Paris, 30 janvier 1706. (Arch. de la ville de Lille, carton 233.)

(2) Il existe trois copies de ce projet aux Archives du génie dans le carton I, Mémoires et documents, frontière du Nord, article 5, section 3. Ces copies sont numérotées 5, 6 et 6 *bis*. La première, que nous avons suivie et qui paraît être du début du XVIIIe siècle, a pour titre : « Projet de navigation pour les Pays-Bas de l'obéissance du Roi par le maréchal de Vauban, 1706 », ou « Projet de navigation, au moyen de laquelle on pourrait communiquer la Flandre gallicane, l'Artois, le Hainaut, le Cambrésis, à Dunkerque, à Gravelines, même à Calais, sans être obligé de passer sur les terres d'Espagne ou de Hollande ».

Les deux autres copies du projet paraissent postérieures à celles-ci. A la copie n° 5 sont jointes les planches (12 feuilles) qui étudient en détail le tracé du canal, avec les plans et profils en couleurs des sas, écluses, projetés sur le parcours. Nous y avons eu recours pour notre croquis : Navigation projetée par Vauban, de l'Escaut à la mer.

Ces planches, d'une exécution très soignée, sont, en toute certitude, les originaux des dessins exécutés par ordre et sous les yeux de Vauban.

On trouve encore des copies de ce projet de navigation dans les manuscrits in-folio n° 33 (avec les plans et profils en noir), et in-quarto n° 68, de la Bibliothèque de la Section technique du génie.

Flandres wallonne et maritime, ainsi que de leurs habitants : « Tout cela, joint ensemble, forme un très beau canton de pays qui contient plus de 35 bonnes villes et places fortes, du moins autant de gros bourgs dont la plupart valent des villes, et 1,000 ou 1,200 paroisses de très bon pays, riche et très fertile, où les terres sont bien cultivées et d'un grand rapport, n'y ayant pas le moindre espace qui ne soit employé à profit.

« Les villes, bourgs et villages, sont très peuplés, les peuples naturellement bons et sans malice, laborieux, ménagers et très appliqués à leurs affaires, qu'ils entendent bien. Ils sont d'ailleurs très industrieux, notamment les habitants des villes qui exercent beaucoup d'arts et de métiers et où il se fabrique quantité de manufactures de toutes espèces dans lesquelles ils sont adroits et intelligents. Ceux de la campagne savent aussi s'occuper utilement jusque là qu'il n'y a pas de ville, de bourg ni même de village un peu considérable, qui n'exerce quelque négoce particulier provenant de leur industrie et dont ils se font un commerce utile... »

Vauban expose ensuite, en un admirable langage, les motifs d'une si haute inspiration qui l'ont conduit à faire, en 1705, cette visite des rivières et des canaux de la Flandre et de l'Artois : « La guerre m'a empêché jusqu'ici de proposer cette navigation à Sa Majesté. Je voulais attendre un temps plus propice pour cela, mais, ce temps ne venant point et me voyant dans un âge avancé et bientôt hors d'état de pouvoir agir avec la même vigueur que j'ai fait par le passé, j'ai pris la résolution de voir, par moi-même et de suite, tous les lieux où ce canal pourrait passer afin de m'en rafraîchir l'idée et de me mettre en état d'en rendre compte au Roi, non en vue d'en proposer une exécution présente, ce n'est pas ici le temps, mais pour avoir l'honneur et la satisfaction de donner un bon avis à Sa Majesté avant que l'âge et le fâcheux rhume qui m'accable des 6 ou 7 mois de l'année aient achevé d'abattre le peu de forces qui me reste. J'ai donc pris occasion d'y faire un voyage exprès l'année dernière, qui fut fort sèche dans ce pays-là, pour faire la visite de tous ces lieux, les uns après les autres... ».

Après avoir passé en revue le tracé et les travaux du canal, observé que, sur les 44 lieues de son parcours, 38 étaient déjà livrées à la navigation, Vauban en évalue la dépense à près de 3 millions. C'était, pour l'époque, une somme considérable, mais pouvait-elle entrer en balance avec « les propriétés de ce canal qui devaient être perpétuelles »? D'ailleurs Vauban ne prétendait commencer les travaux que 3 ou 4 ans après la paix « bien affermie, et quand les peuples seront bien remis de la guerre présente ». Il proposait de ne demander que 300,000 livres par année aux provinces intéressées en première ligne à la construction du canal, au Cambrésis, au Hainaut, à l'Artois, à la Flandre, et de répartir cette somme par capitation sur tous les ordres de ces provinces sans exception : clergé, noblesse, tiers état. Enfin il préconisait l'idée de faire surveiller les travaux par les ingénieurs du Roi, sur la probité desquels on pouvait se reposer, et de ne les confier qu'aux gens du pays, afin que « l'argent n'en sorte pas ».

On ne peut parler un plus beau langage que celui de Vauban à l'adresse de ses contradicteurs. Conscient de la droiture de ses intentions, confiant dans la justice de l'histoire, il reste calme au milieu de leurs clameurs et n'a, pour leur ignorance et leurs calomnies, que des paroles d'excuse et de pardon. Il lui suffit de faire appel à son vigoureux bon sens pour démasquer la faiblesse ou l'inanité des arguments sur lesquels s'était appuyé le Magistrat de Lille, dans sa lettre à Chamillart, du 11 septembre 1705, et dans sa lettre au maréchal même, du 14 septembre, en voulant démontrer les conséquences dangereuses de la construction du canal. A la lumière intensive qu'il répand sur chacun d'eux, il dissipe leur erreur et leur fausseté, n'en laissant subsister qu'un seul, la détresse de la ville et des provinces, détresse dont il tenait compte en demandant lui-même l'ajournement de son projet :

L'exposition de cette pensée ou plutôt de l'importance de ce canal m'a longtemps tenu au cœur. L'envie d'ajouter quelque chose d'excellent aux fortifications de notre frontière et de procurer quelques avantages au pays l'a provoquée. J'ai tâché de concilier l'amélioration de nos places avec les avantages du commerce. C'est uniquement ce qui m'a obligé de faire un voyage en Flandre l'année dernière, pendant quoi je ne me suis occupé que de la visite des lieux par où on pourrait joindre les rivières navigables les unes aux autres et en examiner les réparations les plus nécessaires pour les rendre capables de porter de plus grands bateaux et à chercher les moyens de continuer la navigation plus avant dans le pays d'une part, et jusque dans nos ports de mer de l'autre, comptant pour beaucoup de pouvoir tirer notre commerce de la dépendance de nos voisins; en quoi il est très certain qu'on réussira si ce projet est approuvé de Sa Majesté. Personne du pays ne doute que la proposition que j'en fais ne soit désintéressée dans tout ce qui peut avoir rapport à moi. Mon unique vue est celle de lui procurer de nouveaux avantages, en un mot de faire plaisir à ses habitants. Cependant, loin de m'en savoir gré, j'ai trouvé à mon retour une infinité de plaintes et de murmures mal fondés contre ce dessein qui n'était ni fait ni présenté, chose à mon avis qu'il fallait attendre avant que de se déchaîner contre lui. Il faut cependant pardonner à ceux qui les ont faits. Ce n'est pas d'aujourd'hui que les peuples rejettent toutes les nouveautés sans en approfondir aucune, quand ils pensent qu'il leur en pourra coûter. Cela est naturel, et on ne doit pas trouver étrange que ceux-ci aillent au-devant de ce qui leur fait peur et qui peut tomber à leur charge. L'épuisement où cette dernière guerre les a mis leur fait craindre une nouvelle recharge et je n'aurais pas le mot à dire si la connaissance avait précédé la plainte, car je me flatte qu'ils n'en auraient point fait, ou que, du moins, ils n'auraient point tant exagéré sur des choses qui ne contiennent ni raison ni vérité. Je ne m'amuserai point à réfuter tout ce qu'ils ont débité sur cela. Je rapporterai seulement ici copie de ce que Messieurs du Magistrat de Lille m'ont écrit. On verra, par la sincérité avec laquelle je réponds à leurs raisons, s'ils en ont eu de se plaindre, et si les plaintes sont bien fondées.

Copie d'une lettre de Messieurs du Magistrat de Lille à M. le Maréchal de Vauban, du 14 septembre 1705.

Réponse aux objections contenues en cette lettre.

Monseigneur,

Nous avons toujours eu tant de confiance en Votre Excellence, à cause des bons offices que vous avez rendus au pays dans les occasions qui s'en sont présentées, que nous avons cru que le projet, que vous avez fait l'honneur de proposer à nos députés d'établir la navigation depuis la mer jusqu'à Arleux, ne lui pouvait être aussi que très utile.

1

Il me paraît, par le contenu en cette lettre, que cette confiance est un peu usée.

Cependant, chacun ayant regardé depuis ses intérêts avec attention, on a trouvé que les villes et le pays en souffriraient notablement s'il avait son exécution.

2

On verra, par la suite de ces apostilles, à quoi peut consister cette souffrance.

Les Magistrats de Douai, et ceux des autres villes le long de la Scarpe et de l'Escaut, regardent l'exécution de ce projet comme la perte des villes qu'ils représentent : ils ont fait des remontrances et on nous a pressés d'en faire afin que l'on n'en vienne pas jusqu'à l'exécution.

3

Les Magistrats de Douai, non plus que les villes le long de la Scarpe et de l'Escaut, n'ont rien à voir ici. Le détour d'un tiers ou environ du Sensée dans la Scarpe y a été conduit comme un dépôt qu'on doit reprendre pour fortifier le canal de Lille et la haute Deûle qui ont très peu d'eau pour fournir à la navigation et aux moulins de cette ville, et, bien loin que ceux de Douai trouvent que ce renfort leur soit nécessaire, ils s'en sont plaints à moi comme d'une surabondance d'eau qui les incommodait de sorte que, si les riverains de la Scarpe se plaignent, ce ne peut être que du trop d'eau, et c'est justement ce trop qu'on veut leur ôter dans la même quantité qu'il a été donné et rien plus, et, partant, remontrance mal fondée. Quant à ceux de l'Escaut, la quantité d'eau qu'on leur ôte est imperceptible dans cette rivière, du moins voilà la première fois qu'on en a entendu parler depuis 13 ou 14 ans qu'il y a que ce détour est fait.

4

Ces remontrances se réduisent, Monseigneur, à ce que, par le détour que l'on prétend faire du canal sans le faire passer au travers des villes, (on) abolira presque entièrement le commerce et la navigation.

Non seulement ce canal ne nuira point au commerce des villes, puisque leur navigation doit demeurer dans l'état où elle est, si ce n'est qu'elle en sera bien meilleure et plus commode. Loin de leur rien ôter, il leur rendra la communication des unes aux autres plus libre et plus facile qu'elle n'est, et leur donnera celle de la mer qu'ils n'ont pas. Ainsi, à moins qu'on ne veuille entendre qu'il faudrait faire passer ce canal au milieu de la ville de Lille, on ne voit pas sur quoi est fondée cette plainte. On avoue cependant que cela serait plus commode, mais on a fait voir que, de quelque manière qu'on pût s'y prendre, il en coûterait quatre fois davantage, et, qu'en prenant le tour, la communication se fera ni plus ni moins de la haute à la basse Deûle et d'un port à l'autre, qui ~~seront~~ toujours les mêmes. Qu'y a-t-il donc là à dire ? Un peu moins de commodité pour 50 ou 60 maisons riveraines qui, n'en ayant jamais eu davantage, se contenteront avec joie de celle dont ils (*sic*) jouissent. Ce n'est pas là l'encloueure : la véritable raison de Messieurs du Magistrat est celle dont on fait le moins de bruit, qui serait d'obliger Messieurs d'Arras et de Douai, qui voudront commercer à la mer, de rompre charge en passant à Lille, ce qui ne se ferait pas gratuitement s'ils y étaient obligés. Si cette raison est juste, je m'en rapporte. Je sais seulement que, par rapport au public, on doit en éluder l'effet, car ceux d'Arras et de Douai sont sujets du Roi comme ceux de Lille et, partant, en droit de jouir des mêmes privilèges.

5

Ceux de Douai et de Tournai ajoutent qu'on les va priver des eaux qui viennent d'Arleux et du Sensée dans la Scarpe; que le produit des moulins qui sont le long de ce canal, ainsi que ceux d'Antoing et de Tournai, diminuera notablement.

Il a été dit à l'article 3 que ceux de Douai n'ont rien à voir au détour du Sensée puisqu'il n'a pas été fait pour eux ni à dessein d'en fortifier la Scarpe; et, pour l'Escaut, avant que de faire cette proposition, je me suis curieusement informé, de gens qui le savent bien, si ce détour ne faisait point de tort aux moulins du Sensée qui sont depuis Arleux jusqu'à Bouchain, et à ceux de Bouchain, de Valenciennes, de Condé, Antoing et Tournai. On m'a assuré bien positivement que non et que jamais les meuniers ne s'en étaient plaints : marque de cette vérité, les moulins de Tournai ont tant d'eau que, ne la pouvant toute employer, la décharge de leur superflu fait un grand courant perpétuel dans le fossé de la place du côté du Hainaut. Pour ce qui est de la navigation, les bateliers n'en ont fait aucunes plaintes : personne ne peut mieux savoir cela que M. de Mesgrigny, à qui ils ne manquent pas de s'adresser quand ils croient avoir sujet de se plaindre de quelque chose de cette nature qui les incommode.

Que la dépense à faire pour l'exécution du projet sera immense, que le produit des fonds destinés pour les fortifications sera d'un très petit objet par rapport à cette dépense.

6

L'estimation fait voir à quoi la dépense de cette navigation pourra monter : elle n'est point flattée, et tout homme intelligent qui entreprendra ce canal pour le prix peut s'assurer d'y faire son compte; on peut la voir dans les articles précédents aussi bien que les moyens proposés pour l'adoucissement des levées, qui ne sont pas d'exempter les uns au préjudice des autres, ni même assez considérables pour que le pays en puisse être incommodé si on s'y conduit bien.

Que Saint-Omer ne paye rien à titre de fortification. Il est à croire que c'est la même chose à l'égard du pays d'Artois; que ce qu'il y a de considérable dans les départements de MM. de Bagnols et de Barentin est ce que l'on fait payer à cette ville à titre de fortification, quoiqu'il n'y ait aucun fonds pour ce sujet; qu'en 1685, le Roi a demandé à la ville 63,000 florins par an à compte des frais que le Roi serait obligé à faire pour la construction des fortifications avancées hors le corps de cette ville pour continuer seulement jusqu'à l'achèvement, à concurrence de la moitié, le Roi s'étant chargé de l'autre moitié; que le Roi n'a rien fourni; que ces fortifications sont achevées passé long-

7

Il n'est pas vrai que la fortification de Lille soit achevée, il s'en faut bien. Je ne dis pas cependant qu'il n'y eût de la justice à décharger cette ville de ce qu'elle paye tous les ans pour leur continuation, mais le Roi n'est pas en état présentement de s'en relâcher, et c'est avoir beaucoup fait que d'avoir obtenu de lui qu'on en puisse employer deux années à la communication de la haute à la basse Deûle : quant à l'avenir, si la paix se fait, il n'y a pas lieu de douter que Sa Majesté ne s'en relâche tout à fait, notamment si c'est pour l'employer à la construction de ce canal; Elle pourra faire les autres fonds qu'Elle jugera à propos, et Saint-Omer en sera vraisemblablement pour sa

temps, et cependant, attendu les besoins de l'État, on a obligé cette ville à continuer le payement de ces 63,000 florins qui ont été pris en partie des revenus de la ville, et le reste en constitution de rentes que l'on ne peut payer, non plus que les anciennes constitutions.

Que si on entrait, Monseigneur, dans l'exécution du projet, il y aurait lieu de craindre que cette charge deviendrait perpétuelle. C'est ce que les autres villes craignent aussi : plus, que le produit des fonds des fortifications étant peu de chose par rapport à l'ouvrage proposé, il est encore à craindre, Monseigneur, que l'on ne charge le pays de l'excédent, chose qu'il ne pourrait supporter sans se voir, d'ailleurs, hors d'état de pouvoir jamais se rétablir.

part, comme les autres. A l'égard de la perpétuité de cette imposition, c'est une crainte chimérique hors de toute apparence et qui n'a point d'exemple.

8

Il ne faut pas considérer seulement cet ouvrage par rapport à l'excavation, transport des terres, charpente, maçonnerie et autres accessoires, mais aussi par la perte que l'on fera des héritages que l'on prendra pour former les digues qui seront d'une vaste étendue, si on compte depuis Arleux jusqu'à Gravelines.

Toutes les considérations qu'on peut avoir sont entrées dans l'estimation, comme les dédommagements des fonds occupés par les digues, contre-fossés, écluses et toutes autres dépendances du canal, à quoi on ajoute que ces derniers ne seront pas continuels, il s'en faudra beaucoup.

9

Que ce sera encore une dépense considérable, Monseigneur, si, pour donner passage aux eaux qui tomberont des hauteurs et qui se trouveront arrêtées par les digues, on est obligé de faire des arrière-fossés qui devront être larges et profonds à cause des débordements

Ces digues et ces arrière-fossés dont on fait ici tant de bruit sont ce que nous appelons contre-fossés, dont les plus larges ne peuvent avoir plus de 2 à 3 toises 1/2, les digues à peu près la même chose, et quelques élargissements de rivière qui ne vont qu'à régler les d'eau auxquels le pays est assujetti; que les héritages, qui avoisinent les haute et basse Deûle et la rivière de la Lys des deux côtés, consistent en prairies, maisons et terres labourables, d'un prix très considérable.

bords et à des redressements de lits et dont l'estimation, exactement supputée, fait voir à quoi tout cela va, qui est peu de chose et ne mérite pas toutes ces plaintes, attendu même qu'ils serviront beaucoup au dessèchement des prairies trop humides d'elles-mêmes et qu'ils causeront beaucoup plus d'amélioration que de dommage. On ajoute à tout ce que dessus que les contre-fossés et les digues ne seront pas sans porter fruit, si on veut bien les ménager; au surplus, tout ce qui peut être occupé par le canal et ses accompagnements est compris dans l'estimation.

10

Que l'on ne pourra rehausser ces canaux et rivières de 3 pieds, comme on le prétend, sans inonder les caves et bâtiments souterrains de cette ville et sans être dans la nécessité de démolir les moulins et écluses, qui iront aussi à des dépenses immenses.

Le rehaussement des eaux de 3 pieds est conditionnel, et tout le mal qu'on en peut craindre se peut aisément prévenir, de même que l'inondation des eaux dans la ville de Lille et dans tous les lieux où on pourrait avoir sujet de craindre cet inconvénient. A l'égard des moulins, il n'est pas question d'en démolir un seul, mais bien d'ajouter quelque rehaussement à leur éclusage, de peu de valeur, moyennant quoi ils n'en tourneront que mieux; quant aux écluses, il ne sera question que de démonter l'un des bajoyers jusqu'au radier pour élargir leur passage de 3 pieds. Cela est compris dans l'estimation.

11

Que l'on sera absolument privé du commerce des lins, qui font l'un des principaux fruits du pays.

Le commerce des lins n'a nul rapport à la navigation du canal, et, partant, chimère toute pure.

Que les eaux du Sensée et d'Arleux, jointes à ce qui viendra de la rivière d'Aa, et celles qui viendront aussi d'un canal que ceux de Cassel font faire de leur autorité, à ce qu'on nous a fait entendre, pour se décharger des eaux qui les incommodent en les faisant passer dans la Lys, seront si abondantes en eaux, que la Lys et la basse Deûle déborderont en été comme en hiver. Il n'y a que deux ans qu'elles ont monté de 10 pieds au delà de leur hauteur ordinaire pendant l'été, ce qui a fait perdre entièrement les foins de la Lys et de la basse Deûle. Cela est arrivé, Monseigneur, parce que les portes des sas, qui sont le long de la basse Deûle et de la Lys jusqu'à Gand, ne sont point assez larges pour donner passage à la quantité d'eau qu'il y avait dans ce temps-là. C'est ce qui fait craindre qu'une si grande abondance d'eau, surtout dans les temps d'orages et pluies continuelles, emportera les portes et leur maçonnerie, et que le pays sera inondé jusqu'à Gand. Si nous n'étions, Monseigneur, aussi convaincus que nous le sommes, que les raisons que nous avons l'honneur de vous représenter, ne vous paraîtront point plus que suffisantes pour vous porter à (vous) désister de l'exécution du projet, nous prendrions la liberté de vous présenter encore plusieurs autres motifs également pressants, concourant à la même fin; mais, comme notre lettre n'est déjà que trop longue et que nous avons sujet de tout espérer de

12

Il n'y a nulle augmentation d'eau à craindre dans la Lys ni dans la Deûle. Celle qu'on tire du Sensée et le peu qui en échappera du Neuf-Fossé, quand on fera des sas, sont les seules eaux extraordinaires qui tomberont dans ces rivières qui, loin de les surcharger, ne feront que suppléer bien petitement à ce qui leur en manque, et, à moins qu'il ne naisse de nouvelles sources, il n'en peut pas venir une goutte de plus que ce qu'il y en vient présentement. On a beau faire des fossés, les sources seront toujours les mêmes, et on ne doit pas craindre que la Lys en soit augmentée. Plût à Dieu qu'elle le pût être. Comme les écluses seront élargies considérablement et les rivières diguées, il s'en faudra bien que les eaux, qui sont présentement bord à bord dans leur état ordinaire, soient sujettes à de si fréquents débordements qu'elles l'ont été; car c'est à quoi l'on remédiera très bien par l'exécution de ce projet et par le retaillement des bords trop escarpés dans des endroits trop étroits, par leur diguage de 3 à 4 pieds de haut, et par l'élargissement des pertuis des écluses, de 3 pieds de plus qu'elles n'ont présentement.

vos bontés pour le bien du pays, nous osons nous flatter que vous trouverez bon de laisser les choses en l'état qu'elles sont.

13

Car nous ne nous étendrons pas, Monseigneur, à vous représenter que l'exécution du projet ruinerait plus de 2,000 familles dans Lille.

Ces 2,000 familles à ruiner de Lille ne sont que les porte-sacs qui peuvent se réduire à 200 ou 300 au plus, qui ne le seront certainement pas puisque, ni plus ni moins, il faudra toujours porter les marchandises dans les magasins des marchands, comme ils font présentement. C'est la même plainte que firent très mal à propos les porte-sacs de Douai, quand on voulut faire le canal de Lille. L'événement a fait voir combien ces gens-là se sont trompés; ceux de Lille y entrèrent aussi, et le tout pour empêcher que le canal ne se fît. Cependant le canal s'est fait, et il ne fut pas plus tôt fini que chacun en fut bien aise. Pour preuve de quoi, bien qu'il ne soit pas d'un grand commerce, à cause de son peu de suite, on y vit, six mois après qu'il fut achevé, non sans quelque étonnement, 140 grands bateaux neufs dessus, et, toutes les fois que je vais à Lille, les bateliers du faubourg de la Barre me demandent augmentation de port et bâtissent toujours à bon compte.

14

Que nos impôts en diminueraient de plus de 50,000 florins par an; que les droits domaniaux que le Roi lève dans Lille seraient presque entièrement ruinés; que nous

Je ne sais point sur quoi pourrait tomber cette diminution des droits, ni ce qui pourrait la causer; mais il est inouï qu'augmentation de commerce dans une ville ait ja-

sommes en arrérages de plus d'un million.

mais causé diminution de ses droits, et il est bien certain que, si jamais la ville de Lille peut déboucher à la mer par une bonne navigation, qui ne soit point traversée par des étrangers, et qui ait d'ailleurs toute l'étendue qu'on peut lui donner dans le pays, que son commerce augmentera, bien loin de péricliter.

15

Que nos charges excèdent par année nos revenus de plus de 50,000 écus, et qu'il ne serait jamais plus possible de rétablir les affaires de cette ville obérée, pour laquelle cependant vous avez eu tant de considération jusques à présent.

Je ne doute pas que la ville de Lille et toutes les autres de ce pays-là ne soient extrêmement chargées de dettes. Rien ne sera plus juste, si Dieu nous donne la paix, que de lui donner le temps et les moyens de les payer et de les acquitter, et ce n'est qu'après cela que je propose l'exécution et l'entreprise de ce canal. J'ai eu le bonheur de prévenir, sur cela, Messieurs de Lille. Si on a pensé autrement de moi, on m'a fait tort, mais, pour la petite entreprise qui ne regarde que cette ville et pour laquelle le Roi avait consenti qu'on divertît deux années des fonds qu'elle fournit pour la fortification, c'était une chose résolue, dans laquelle nous étions entrés, M. Le Peletier et moi, dans la vue de faire plaisir à cette grande et belle ville, qui n'aura peut-être que trop lieu de s'en repentir un jour, supposé que cette communication ne se fasse pas, mais le Roi y a trop d'intérêt pour s'en relâcher. Les considérations du manquement d'eau pour les canaux de la ville, pour ses moulins, pour sa navigation, pour la défense de la place, sont trop fortes pour ne pas l'emporter sur le mauvais goût de ceux qui s'y opposent.

Enfin tout ce qui reste à dire, Monseigneur, est encore plus pressant que tout ce que nous venons de dire, mais on ne finirait jamais, ce serait vous être trop à charge, chose que nous voulons éviter pour conserver toujours l'honneur de votre bienveillance et l'honneur de votre puissante protection. Dans cette confiance, nous avons l'honneur d'être, avec un très profond respect, etc.

16

Toutes les autres raisons, dont Messieurs du Magistrat de Lille et leurs adhérents auraient pu grossir leurs plaintes, ne peuvent être plus raisonnables que les contenues en cette lettre, dans laquelle je n'en vois qu'une seule bien fondée, qui est l'impuissance où ils sont réduits. Celle-ci n'est que trop véritable et mérite que le Roi y fasse une sérieuse attention, qu'Il (1) leur donne le temps de respirer et de payer leurs dettes; mais, comme cela n'empêche pas que la proposition du canal ne soit très bonne et très avantageuse au Roi et à ses peuples, eu égard à tous les temps de paix et de guerre qui peuvent arriver, je suis d'avis que, sitôt qu'on le pourra et que le pays sera en état d'en supporter les frais, Sa Majesté y fasse travailler vigoureusement et qu'on ne quitte point cet ouvrage qu'il ne soit achevé dans toute la perfection possible. Au surplus, quelqu'un de ces Messieurs m'a mandé, par une lettre particulière, avoir appris d'un marchand que la voiture des chariots leur était plus commode et moins chère par terre que par eau, que les chariots venaient, en un jour d'été, de Dunkerque à Lille et en deux jours

(1) La copie n° 5 porte « qui », les copies n° 6 et 6 *bis* « qu'il ». Cette dernière version paraît la plus exacte.

d'hiver, et qu'il faut trois semaines pour faire ce chemin par les canaux de navigation, ce qui est faux, n'étant pas naturel que, dans l'usage ordinaire des chariots chargés de ce pays-là qui arrêtent à tous les bouchons de cabarets qu'ils rencontrent, de faire 14 lieues par jour; car il y en a, pour le moins, autant, de Dunkerque à Lille. Il est vrai que le chemin est pavé d'un bout à l'autre, mais je sais de plus que rien ne peut venir de Dunkerque à Lille par canal. Il faut donc espérer que M. le marchand, qui donne trois semaines aux bateaux pour faire le chemin de Dunkerque à Lille par cette voie, dira une autre fois les choses avec plus de vérité. Messieurs du Magistrat de Lille qui m'ont accompagné savent bien que, sans partir trop matin de Douai, nous sommes venus par la barque à Lille, où il y a 11 lieues, et que nous sommes arrivés de bonne heure, après nous être amusés par les chemins au fort de la Scarpe, à Oignies et à Pont-à-Vendin, plus de trois grosses heures, et en beaucoup d'autres endroits où nous avons mis pied à terre. Le tirage se fait là par des chevaux : celui qu'on propose le long du grand canal se doit faire de même. Mais, pour faire voir le peu de fondement qu'il y a à faire sur de semblables dires, je joindrai une comparaison (1) des

(1) Cette comparaison, insérée plus loin dans le mémoire de Vauban, a pour titre : « Comparaison démonstrative de la cherté des voitures par terre et par eau, où l'on voit les conséquences et les avantages de celles-ci ».

Vauban établit qu'un bateau chargé de 840 septiers de blé, pesant

voitures d'eau à celles de terre, qui peut passer pour une démonstration sensible assez curieuse.

Après tout ce verbiage, qui n'est bon qu'à faire voir que l'intérêt particulier l'emporte et l'emportera toujours sur celui du public, quoique celui-ci dût être préféré en toutes choses, je dois encore dire que toutes ces objections contre la proposition du canal procèdent toujours plutôt de la crainte que chaque particulier a qu'il ne lui en coûte, comme cela ne peut être autrement, que d'aucune mauvaise opinion qu'il ait de ce grand

200,000 livres, demandera 8 chevaux, 4 charretiers et 4 bateliers pour être transporté à 24 lieues en 4 jours, et que la dépense totale de ce transport ne dépassera pas 100 livres.

Voituré par terre, le même chargement exigera 100 chariots, 400 chevaux, 100 charretiers, 4 jours, et entraînera une dépense minimum de 2,500 livres, soit une augmentation de frais 25 fois supérieure au transport par eau, « ce qui fait voir que toutes les marchandises pesantes et d'un prix médiocre, telles que sont les blés de toute espèce, les pois, les fèves, les légumes, le vin, les foins, les pailles, la pierre de taille, le moellon, la chaux, le sable, le bois à bâtir et à brûler, le fer, le charbon, la marée et toute autre sorte de grosses denrées, qui sont celles qui font les trois quarts du commerce intérieur des provinces, ne peuvent pas être menées loin par charrois sans que les frais de voitures n'en rehaussent extraordinairement le prix jusque-là que, si on menait cette voiture de blé à 60 lieues du lieu de sa charge, le prix en doublerait à fort peu de chose près, au lieu que, par eau, on pourrait la mener d'un bout du royaume à l'autre s'il y avait des rivières navigables, sans que le prix en augmentât considérablement. Ceci suffit pour faire voir combien la navigation des rivières est avantageuse dans tous les pays. Ajoutons que, là où il y a navigation, les terres y sont bien cultivées, les maisons bien bâties et les pays bien peuplés, qui est tout ce qui se peut désirer de plus avantageux dans tous les pays du monde. Il s'en faut bien que les pays boisillés et éloignés des rivières navigables puissent jouir de pareils avantages ».

ouvrage; et cela est si vrai que, si le Roi voulait le faire tout entier à ses dépens, très sûrement personne n'y trouverait à redire et tout le monde l'approuverait, mais, quand chacun se tâte et qu'il sent qu'il faudra qu'il lui en coûte 8 ou 10 ans durant avant que de pouvoir jouir pleinement du bénéfice qu'on en doit espérer, il n'y a guère de particulier à qui cela ne donne du chagrin et qui n'en trouve par conséquent la proposition odieuse par la raison du besoin général où chacun est réduit, qui épuise tout le monde. D'où s'ensuit qu'on trouvera peu de gens qui n'aime mieux une pistole présente dans sa bourse que douze dans dix ans d'ici. Ainsi va le monde, et cela me fait souvenir d'un vieux proverbe, qui dit : Q'un tient bien vaut mieux que deux tu l'auras. C'est l'esprit universel qui règne parmi les peuples, qui se mettent fort peu en peine du bien public, pourvu que leurs affaires aillent bien. C'est pourquoi, dans les entreprises qui vont au bien de l'État, le Roi doit consulter la raison et peu de gens, mais désintéressés et bien éclairés, puis se faire instruire à fond de la chose, et, s'il trouve qu'elle soit avantageuse à ses peuples, elle le sera au royaume et par conséquent à Lui, qui en est le chef visible. En ce cas, il faut passer outre et ne pas consulter ceux qui n'y entendent rien et qui n'ont dans l'esprit que leur intérêt qu'ils défendent et défendront toujours de toutes leurs forces pour s'empêcher, autant qu'ils pourront, de rien donner.

Le canal du Languedoc est, sans contredit, une des plus belles et des meilleures pièces qui se soient faites depuis longtemps dans le royaume; elle l'aurait pu être cent fois davantage, s'il avait été capable de porter des galères et des bâtiments de mer de 200 tonneaux sans rompre charge, comme on le pouvait faire s'il s'y était rencontré moins de contrariétés. Ç'a été la chose du monde la plus contestée et contre laquelle on s'est le plus déchaîné tant que le ministère de M. Colbert a duré. Sitôt que ce canal a été achevé et rendu commerçable, comme il est à présent, tout le monde l'a approuvé, et, loin de le blâmer, on voudrait qu'il fût beaucoup plus large et plus profond qu'il n'est. Quand on est bien sûr de l'utilité de quelque chose, il faut toujours la faire et laisser dire. Il est sûr que les piaillards reviennent à la raison aussitôt qu'ils voient l'ouvrage fait et en état de servir.

Tout commentaire affaiblirait cette réfutation de Vauban, marquée au coin du bon sens.

Quand Chamillart, sans y ajouter grande créance, parlait de ces magnifiques projets du Maréchal destinés à éterniser sa mémoire, il ne croyait pas si bien dire. Ici encore l'avenir devait donner entièrement raison à Vauban. Exécutée sur ses plans dans la seconde moitié du XVIIIe siècle (et bien que la profondeur du canal ait été alors réduite, par mesure d'économie, à 6 pieds au lieu des 10 pieds que Vauban avait demandés de Lille à la mer), cette jonction de l'Escaut à l'Océan par la Scarpe, la Deûle, la Lys et l'Aa, ouvrit, suivant ses prévisions, toute une ère de prospérité pour notre frontière du Nord, et la postérité ne cessera de compter, parmi les plus beaux titres de Vauban à sa reconnaissance, sa conception géniale de cette grande artère de navigation destinée à faire circuler une vie nouvelle à travers nos provinces du Nord, et son souci patriotique de léguer et de recommander, avant sa mort, à l'attention de l'autorité royale, l'une des entreprises les plus utiles au pays et les plus dignes de la sollicitude d'un gouvernement.

CHAPITRE IV

Vauban et la défense de la ville et de la citadelle de Lille.

Vauban meurt avant d'avoir pu mettre lui-même en pratique les enseignements de son Mémoire, « État succinct des ville et citadelle de Lille par rapport à leur fortification et à l'attaque et défense », où rien n'est omis des besoins de la garnison, des moyens de remédier aux défauts de la place et aux attaques d'un assiégeant. — Reproduction de ce Mémoire, l'un des plus parfaits du célèbre ingénieur.

Pour achever de mentionner les principaux travaux que Vauban a consacrés à Lille et que possèdent les Archives historiques du ministère de la Guerre et celles de la Section technique du génie, il nous reste à dire un mot de son beau mémoire : « État succinct des ville et citadelle de Lille par rapport à leur fortification et à l'attaque et défense (1) », qu'en raison de son importance, nous croyons devoir publier en entier à la suite de cette étude. Il est peu d'instructions qui mettent mieux

---

(1) Dans le carton Lille n° 1 (Archives de la Section technique du génie, article 8), se trouve une minute incomplète de ce mémoire avec de nombreuses corrections de la main de Vauban. Il existe de plus, dans le même carton, deux copies du mémoire entier auxquelles on a joint le Projet définitif de la fortification des ville et citadelle de Lille et fort Saint-Sauveur, du 25 janvier 1699. Nous avons suivi, pour le texte, la minute de Vauban et la plus ancienne copie du mémoire, laquelle est d'ailleurs conforme, presque de tout point, au texte du mémoire transcrit dans le manuscrit in-folio n° 27 de la Bibliothèque du génie. Ce manuscrit porte la mention : Remis au Dépôt de la Guerre par le sieur Bruand, en juin 1750.

en lumière la doctrine savante de l'illustre ingénieur pour l'attaque et la défense des places, et qui fassent ressortir avec plus de relief l'application féconde que Vauban savait faire des règles de la fortification suivant la place et suivant le terrain. Ce mémoire a suivi de près, croyons-nous, le « Projet définitif de la fortification des ville et citadelle de Lille et fort Saint-Sauveur, du 25e janvier 1699 », auquel il fait allusion en plusieurs endroits.

Vauban ne se contente point de passer en revue l'état de la ville et de la citadelle, il donne encore une description très fidèle de la châtellenie de Lille (1), « ce petit pays, l'un des meilleurs du monde et le plus fertile, où on ne voit pas un pied de terre qui ne soit utilement employé et cultivé avec autant de soin que les jardins des environs de Paris ». Il n'est pas moins exact dans les termes qui lui servent à caractériser le terrain aux environs de Lille, ce pays qui « s'allonge et s'élargit partout en de grandes campagnes », au sud de la place, et qui se présente, aux abords de la citadelle, « plat, très coupé de fossés et de haies ».

Dans son exposé des propriétés militaires de la ville et de la citadelle, Vauban ne décrit point le mécanisme des inondations de la place, qu'il suppose connu. Nous croyons toutefois utile de donner quelques détails sur ce système d'inondations (2) qui jouait un rôle capital dans la défense et grâce auquel une partie de la ville, et les trois fronts de la citadelle qui regardent la campagne, avaient leurs abords couverts par les eaux de la Deûle.

Le défenseur pouvait, à son gré, former trois inondations. Il obtenait la première et la plus importante en faisant refluer sur Lille les eaux de la Scarpe et de la haute Deûle, en ouvrant les écluses de Don et en fermant

(1) Voir la carte de la châtellenie de Lille.

(2) Voir le croquis : Inondations réalisées et camps retranchés projetés par Vauban sous les murs de Lille.

celle du pont de Canteleu. Une digue, large de 6 à 7 toises à son sommet, plusieurs fois brisée dans son tracé, partait du pont de Canteleu pour aboutir aux fossés de la place près de la porte Notre-Dame. Cette digue arrêtait les eaux de l'inondation qui enveloppait la moitié du faubourg Notre-Dame, les villages de Wazemmes et d'Esquermes, les environs de l'abbaye de Loos et une partie du village d'Haubourdin.

La deuxième inondation couvrait le terrain compris entre la digue et la haute Deûle jusqu'à l'écluse du pont de la Barre, que l'on tenait fermée pendant que celle du pont de Canteleu demeurait ouverte. L'eau se répandait par les ouvertures ménagées dans la digue, mais ne pouvait s'étendre sur la rive gauche de la Deûle où la contenait le chemin de halage plus élevé à dessein.

Les deux inondations précédentes, servant surtout à la protection de la ville, étaient complétées par une troisième moins considérable, destinée à couvrir les abords de la citadelle. Des coupures, pratiquées dans le chemin de halage de la haute Deûle, donnaient passage aux eaux de la deuxième inondation qui couvraient les prairies sur toute la partie nord de la citadelle et s'arrêtaient au chemin conduisant de la porte Saint-André au village de Lambersart. Il suffisait même de démasquer les ouvertures préparées sous ce chemin pour permettre à l'inondation de s'étendre plus à l'Est, jusqu'à la route d'Ypres.

On voit, par cet exposé, le rôle important de l'écluse de Canteleu dans la formation des inondations, surtout de la grande. Aussi Vauban demande-t-il, dans son Mémoire, que cette écluse soit mise sous la protection d'une forte redoute défendue par de l'artillerie et une nombreuse garnison, et que l'assiégé se conserve à tout prix la possession de la digue qui part du pont de Canteleu et celle des bords de la haute Deûle jusqu'à Haubourdin, par une série de redoutes échelonnées le long de leur tracé. Dans le cas d'un siège, le grand ingénieur appréhende que l'ennemi ne vienne à rendre inutile l'inondation en détournant les eaux de la haute Deûle par un canal qui prendrait son origine entre la Planche à Quesnoy et Haubourdin et irait rejoindre la basse Deûle au dessus de Marquette. Par cette dérivation des eaux de la Deûle, l'ennemi confisquerait à son profit l'inondation, priverait la ville du secours de ses moulins, tarirait l'eau de ses fossés et de ses canaux et se créerait la possibilité de commencer immédiatement le siège de la citadelle dont la chute entraînerait fatalement, sans résistance possible, celle de la ville.

Vauban ne manque pas de signaler un autre défaut capital de la place et de trouver aussi le moyen d'y remédier. Dans l'angle formé par la Deûle et son affluent, la Marque, court un rideau, élevé de 27 pieds au-dessus de la campagne, sorte d'éperon long et étroit, éloigné de 150 toises à peine de l'ouvrage à cornes de la Madeleine et aussi élevé que cet ouvrage. Cet éperon retombe, « par une pente douce, jusque vers la Marque où il se forme un couvert au-dessus et au-dessous du Pont-de-Marque, très étendu et si enfoncé que, de là, on ne voit pas la pointe des clochers de la place, ce qui le rend très avantageux pour une ouverture de tranchée qui trouverait là tout le couvert nécessaire au petit parc et à l'hôpital, de l'eau derrière elle, des fascines en abondance le long des bords de la Marque, une rivière (la basse Deûle) navigable tout contre, qui pourrait lui apporter tous ses besoins à pied d'œuvre : à quoi il faut ajouter que le terrain de la tranchée est doux et facile à manier; les situations pour les places d'armes et batteries très bonnes et des plus avantageuses de la place ». Vauban, accoutumé à triompher des difficultés naturelles du terrain, avait élevé, en regard de ces pentes dangereuses de la Madeleine, un ouvrage à cornes, regardé comme le meilleur de la place par son tracé et son défilement. Lui-même disait dans son Mémoire : « La tête de la Madeleine est sans doute la plus exposée de toutes..., mais la dite tête est fortifiée en vue de cette attaque, car l'ouvrage à cornes est très bon et fortifié avec beaucoup plus de soin que les autres, et il faut de nécessité que l'ennemi s'adresse à lui... ». Néanmoins, si les ennemis viennent à se rendre maîtres, par la prise de Menin, de la navigation de la Lys et de la basse Deûle, Vauban, qui semble ici lire dans l'avenir, ne met pas un seul instant en doute « que la place ne soit attaquée par là, pour peu que l'ennemi soit éclairé ».

Il n'est, pour ainsi dire, pas d'écrits de Vauban où, à côté de considérations purement militaires, ne se révèle la générosité de son cœur. On admirera, dans ce Mémoire, le courage avec lequel il prend, suivant sa coutume, la défense des faibles et des opprimés et n'hésite pas à ranger, au nombre des défauts de la place, le peu d'affection des Flamands pour la France dont ils ont eu à souffrir maintes exactions durant les dernières années de la guerre de la Ligue d'Augsbourg. Et pourtant rien ne serait plus aisé que de corriger ce défaut « quand, dit Vauban, on ne donnera pas d'atteinte à leurs privilèges, qu'on ne les exposera point à la discrétion des fermiers et des traitants, pires que des loups à leur égard; qu'on ne les surchargera point; qu'on leur donnera part aux emplois de police et de finance et dans les charges militaires; que les bénéfices de ce même pays, qui sont presque tous bons, ne seront pas toujours donnés à des Français comme ils le sont aujourd'hui, au préjudice des naturels qui en sont privés, dont les ancêtres ont cependant été les fondateurs; que les mariages, que les officiers-majors des places pourront contracter avec eux, ne leur seront pas un sujet de réprobation; en un mot, quand on les traitera en bons sujets, comme les Espagnols les ont traités, il ne faut pas douter qu'ils oublient peu à peu leur ancien maître et qu'ils ne deviennent très bons Français, leurs mœurs et leur naturel convenant beaucoup mieux avec les nôtres qu'avec ceux des Espagnols, qu'ils haïssent naturellement jusqu'à n'avoir que peu ou point de commerce avec eux ».

Vauban recommande aux assiégés de ne jamais perdre de vue qu'en principe leur défense doit être essentiellement active. Il les incite vivement à disputer le plus longtemps possible à l'assiégeant les abords de Lille et « à ne pas faire comme les ennemis qui se laissent aussitôt renfermer dans l'enceinte de leur place. Il faut, à la faveur du canon, des eaux, des marais et des petits lieux marécageux des environs, tenir la campagne large tant qu'on le pourra pour y occuper de petits postes accommodés et ne se renfermer que le moins et le plus tard qu'il sera possible ». Il veut que Lille soit approvisionnée pour un siège dès le temps de paix, que ses fortifications et les redoutes destinées au soutien de l'inondation soient achevées au plus tôt, et enfin que l'on travaille également au tracé des deux camps retranchés, dessinés par lui sous les murs de la ville, « qui sont les pièces qui contribueront le plus à sa défense si elles sont bien employées et qui, vraisemblablement, sauveront la place ».

Suivant ensuite, dans le détail, la marche d'un assiégeant victorieux, Vauban montre la ville capable de résister pendant 60 jours si elle est attaquée la première : dans ce cas, la citadelle exigerait un nouveau siège de 40 jours. Si, au contraire, l'ennemi parvient à attaquer la citadelle seule, la durée de la défense ne serait plus que de 70 jours. Quant à lui, qui connaît la place dans ses moindres détails, il sait, comme il le dit dans son Mémoire, qu'il attaquerait « par la citadelle ». Il avait même été tenté d'ajouter ces lignes, que sa modestie habituelle lui a fait supprimer : « Mais je sais encore mieux que, si j'étais chargé de sa défense et que je fusse bien préparé, j'en rendrais les attaques bien mortifiantes pour ceux qui les auraient entreprises; peut-être bien même que je pourrais les faire manquer si j'étais soutenu d'ailleurs ».

Pour diriger la défense de la capitale de la Flandre, de ce joyau des conquêtes de Louis XIV aux Pays-Bas, Vauban n'hésite pas à demander un maréchal de France ou mieux encore son gouverneur, le maréchal de Boufflers, « qui, étant aimé et chéri de la bourgeoisie, serait bien plus propre qu'un autre à la contenir et à en faire ce qu'il voudrait ». Il n'omet rien des besoins des défenseurs et nous initie aux règles qui lui servaient de bases sûres dans la détermination de la garnison, des munitions et des vivres, nécessaires à une place assiégée.

Comme infanterie, Vauban demande 500 hommes par bastion. La fortification de Lille renfermant 18 bastions ou ouvrages équivalents, sa garnison se composera de 9,000 hommes d'infanterie. A son enceinte s'ajoutent quatre grands ouvrages à cornes, et la ville renferme une nombreuse population : pour cette double raison, Vauban demande 2,000 hommes en supplément. Suivant sa maxime de disputer pied à pied aux ennemis les abords de la place, et « attendu la plaine des environs, grande et spacieuse, on y pourra mettre jusqu'à 1,000 ou 1,200 chevaux ». Les 1,000 hommes, qui composent la garnison ordinaire de la citadelle, suffiront au début du siège. C'est donc un total de 12,000 hommes d'infanterie et de 1,200 cavaliers que Vauban fixe pour la défense de Lille.

En supposant, au 20ᵉ jour de tranchée, la garnison affaiblie de 2,700 hommes d'infanterie, il divise les 9,300 hommes disponibles en 3 fractions égales et établit entre elles, par vingt-quatre heures, le roulement suivant : « Une sera employée à la garde des postes avancés, l'autre au bivouac, pendant que la troisième se tiendra au repos ». La fraction, placée en première ligne, se partagera « en trois parties égales, dont l'une de 1,033, et que nous supposerons de 1,000 pour plus de facilité de compte, soutiendra la tête des attaques, et les deux autres occuperont les postes de la place non attaqués. Le bivouac sera divisé de même et garnira en nombre égal toutes les parties de la fortification situées immédiatement derrière les gardes avancées, afin de les mieux soutenir. A l'égard de la cavalerie, ou pourra poster 200 maîtres, disposés en quatre troupes, sur les places et les carrefours de la ville, et le surplus, divisé en deux corps, montera alternativement la garde à droite et à gauche des attaques, pendant que l'autre moitié se reposera, les chevaux sellés ».

Les calculs par lesquels Vauban détermine la quantité de poudre et de plomb, l'approvisionnement des blés, dans l'éventualité d'un siège pour Lille, ne sont pas moins précis et intéressants.

La mort ne laissa pas à Vauban la gloire de mettre lui-même en pratique les magnifiques enseignements qu'il venait de donner pour la défense de Lille. Témoin plus longtemps de nos revers (lui qui s'était offert en 1706 à prendre les ordres d'un La Feuillade), il eût sollicité comme un honneur de servir en second, à la défense de Lille, sous le maréchal de Boufflers. De sentiments trop hauts pour que l'envie pût l'atteindre, le cœur de ce dernier eût applaudi à une démarche dictée par le désintéressement le plus pur. Si la mort nous a ravi ce spectacle plein de grandeur : Boufflers et Vauban unissant tout ce que le courage d'une part, la science de l'autre, un égal et sublime dévouement des deux côtés, pouvaient enfanter de prodiges au service de la Patrie envahie, les instructions de Vauban ne cessèrent d'inspirer les défenseurs de Lille et leur chef héroïque. Les ingénieurs, héritiers de sa doctrine, Dupuy-Vauban, le cousin et l'un des meilleurs élèves de Vauban, M. de Valory, appelé par le maréchal à la direction des fortifications de Lille, conduisirent, de main de maîtres, les travaux de la défense au siège de 1708. Comme l'avait demandé Vauban, Boufflers disputa, pendant 10 jours, aux alliés, les abords de la place par l'occupation de postes avancés, judicieusement choisis, et par de vigoureuses sorties, destinées à aguerrir ses troupes. N'ayant avec lui qu'une garnison de 9,000 hommes, d'éléments disparates, manquant de munitions, le maréchal soutint, pendant 61 jours de tranchée, toutes les attaques de l'ennemi contre la ville, se retira de plein gré dans la citadelle pour y soutenir un nouveau siège de 40 jours, et ne déposa les armes que sur un ordre formel de Louis XIV. Alors se révéla l'utilité des immenses travaux entrepris à Lille par Vauban, alors se justifièrent les sommes considérables consacrées par lui aux fortifications de cette ville et des places de notre frontière du Nord. Si, de 1708 à 1712, la France fut sauvée de l'invasion et si son armée put ressaisir à Denain une victoire décisive, elle le dut, en grande partie, au long répit que lui procura l'œuvre de Vauban, à cette chaîne de forteresses dont la coalition s'épuisa, pendant quatre ans, à briser les formidables anneaux.

ÉTAT SUCCINCT DES VILLE ET CITADELLE DE LILLE PAR RAPPORT A LEUR FORTIFICATION ET A L'ATTAQUE ET DÉFENSE.

Le corps de la place est revêtu de maçonnerie à parement de brique, bâti en différents temps, sur différents dessins et flanqué de 17 bastions ou équivalents, les uns vieux et les autres modernes, les uns beaux et grands et les autres petits, écrasés et mal faits, liés les uns aux autres par autant de courtines peu régulières et assez mal figurées, mais tout y est flanqué, et il n'y a point de partie dans toute la fortification qui ne soit bien défendue. Celles qui le sont le moins sont tellement avantagées par la difficulté des accès qu'elles surpassent en bonté celles qui le sont le plus.

Son enceinte est d'environ 400 toises, équivalentes à une bonne lieue et demi. Ses dehors consistent en treize demi-lunes grandes et petites, vieilles et nouvelles, toutes revêtues et terrassées hors une, avec des parapets à preuve, et quelques-unes redoublées; et en quatre grands ouvrages à cornes, aussi revêtus et terrassés à preuve, hors celui de la Madeleine (80, 81), qui est fort avancé mais non encore achevé. Tous sont accompagnés de leurs demi-lunes, fossés et chemins couverts, aussi revêtus et à peu de chose près en bon état.

La basse porte d'eau est de plus couverte par une grande tenaille, composée de trois pièces (83, 84 et 60), qui sont aussi revêtues et terrassées à preuve, et tant le corps de la place que les dehors sont environnés de larges fossés pleins d'eau, la plupart peu profonds, mais qui se peuvent aisément remplir. Le revêtement est assez bon et partout bien sur pied, ayant cependant beaucoup d'écorchements çà et là, qui ne sont pas dangereux.

Le Roi a fait la plus grande partie de ces ouvrages, depuis qu'il est maître de cette ville, comme les bastions des Canonniers (30), de Saint-Sauveur (34) et de Fives (43), avec les demi-lunes de leur droite et de leur gauche; toute l'enceinte de la ville neuve, qui est très magnifique; les quatre grands ouvrages à cornes (70, 71), (74, 75), (80, 81), (85 et 86), avec leurs demi-lunes, fossés et chemins couverts; la grande tenaille (83, 84 et 60) de la basse Deûle, le revêtement de toutes les vieilles demi-lunes, et réparé beaucoup d'autres endroits du corps de la place dont le revêtement n'était fondé que sur berme, peu épais et encore moins élevé.

Les remparts de la vieille ville sont fort étroits, serrés par les maisons, un peu usés et écoulés : le parapet n'a pas partout l'épaisseur requise, parce que l'espace ne le permet pas, mais ces parties-là sont peu exposées. Ceux de la ville neuve sont grands, spacieux, tous plantés d'ormes et en très bon état; tous les chemins couverts sont formés, et grande partie de leurs parapets revêtue. Reste à y faire des traverses et quelque recharge de terre nécessaire et à remplacer leurs affaissements.

Cette ville est grande, belle et très peuplée, contient environ 55,000 à 60,000 âmes (1) de tous âges, de tous sexes et de toutes qualités. Bien qu'elle ait été augmentée trois fois en moins de cent années de

---

(1) On lit au Registre aux baptêmes de la paroisse Saint-Étienne, de Lille (années 1672 à 1690), qui est conservé aux Archives de cette ville : « L'année 1688 a été fait un dénombrement des habitants, maisons et familles de la ville de Lille, et ont été trouvés comme s'ensuit :

Les habitants étaient au nombre de......	53,055
Les demeurants au banlieue..............	551
Les maisons au nombre de.............	7,560

temps, il y a apparence que, dans peu, elle aura encore besoin d'une quatrième augmentation, notamment si on lui facilite une ouverture à la mer et la communication par eau à toutes nos autres places.

Elle est située à 5 lieues (1) de Tournai, autre grande et belle ville; 7 de Douai, 10 d'Arras, 4 d'Orchies, 11 de Valenciennes, 12 de Cambrai, 10 de Condé, 5 de Courtrai, 3 de Menin, 6 d'Ypres, 12 de Furnes, 14 de Bergues et 16 de Dunkerque. Elle n'est pas fort ancienne (2), ayant été commencée en 1007 par Baudouin IV, dit le Barbu, comte de Flandres, revêtue de murailles et fortifiée d'un château en 1066 par Baudouin V, dit de Lille. Il y avait de ce temps-là un ancien château, appelé le Bucq (3), qui était l'une des demeures du forestier des Flandres, situé où était cy devant le moulin de Buquet, qui fut démoli quand on bâtit la citadelle. Nous y avions une garde pendant le siège, et je me souviens d'avoir été avec feu M. de Turenne pour reconnaître l'avenue du faubourg, parce que le Roi eut quelque pensée de faire attaquer la ville par là. Aujourd'hui les dehors de la citadelle s'avancent jusques à cent pas près de l'endroit où était ce moulin, ce qui prouve les avantages qu'on a pris en fortifiant cette place.

La ville est divisée en sept grosses paroisses (4). Elle est très bien

---

(1) La lieue commune était de 2,400 toises.

(2) Vauban est d'accord avec les historiens les plus récents pour refuser à Lille une origine lointaine. Jusqu'au XIe siècle, l'histoire de cette ville reste livrée aux conjectures. « Le plus ancien châtelain de Lille dont le nom nous soit parvenu est Roger l'ancien; or, c'est seulement dans un titre de 1087 qu'il est cité ». (*Lille et le Nord au Moyen-Age*, par J. Flammermont). — Baudouin IV (989-1036) avait, comme le dit Vauban, commencé les murailles de Lille. Ce fut Baudouin V (1036-1067) qui les acheva et qui, par la fondation de la célèbre collégiale de Saint-Pierre, inaugurée en 1066, contribua puissamment à la prospérité et au développement de la ville naissante.

(3) Bien que les historiens ne soient pas tous d'accord sur l'emplacement du château du Buc, autour duquel Lille aurait pris naissance, le site indiqué par Vauban en dehors de l'enceinte de la ville est à rejeter absolument. Le moulin du Buquet était situé au nord de la citadelle, sur les bords du ruisseau de ce nom, à 300 toises environ de la porte Saint-André qui donne accès à la nouvelle enceinte élevée par Vauban. (Voir la carte : Plan de la ville et citadelle de Lille.)

(4) Paroisses de Sainte-Catherine, Saint-Étienne, Saint-Maurice, Saint-Sauveur, Saint-Pierre, Saint-André, la Madeleine (ces deux dernières comprises dans la nouvelle enceinte due à Vauban).

bâtie par le dedans, et les maisons, qui, la plus grande partie, n'avaient que des façades à pans de bois quand nous la prîmes, ont presque toutes été renouvelées et bâties de pierres de taille blanches et de briques qui font un très bel effet. Elle est très bien percée. Elle a deux belles places dans la vieille ville et une autre dans la neuve, et plusieurs carrefours. Les rues en sont belles et nettes, partout bien pavées, de même que les chaussées de ses avenues, dont les pavés se continuent jusqu'à Douay, Tournay, Seclin, Menin, Ypres, Bergues et Dunkerque. A celle de Menin près, les autres ont toutes été faites depuis que le Roi s'est rendu maître de cette place. La rivière de Deûle, qui la traverse, et le ruisseau de Fives donnent lieu à quantité de canaux à bords revêtus de maçonnerie, qui, en circulant et traversant les dedans en plusieurs façons, accommodent très utilement les quartiers plus considérables de la ville. Il y manque un peu d'eau l'été pour entretenir leur plénitude, les rafraîchir et renouveler, mais il sera aisé cy après d'y remédier.

La Citadelle.

Le Roi prit cette ville, en 1667, après un siège de 15 jours dont 9 de tranchée ouverte, Sa Majesté commandant en personne. La même année, Elle y ordonna la citadelle qui est de 5 bastions royaux, liés par autant de courtines et accompagnés de 5 grandes demi-lunes, les unes et les autres très bien revêtues et environnées de larges fossés pleins d'eau et très profonds, et de deux chemins couverts, un avant-fossé entre deux, et de plusieurs autres dehors de terre et de gazon, accommodés à la régularité du corps de la place, qui est la plus belle et la plus achevée du royaume. Elle est située, non sur le plus haut terrain des environs de la ville où elle eût pu être attaquée la première avec beaucoup de désavantage, mais dans l'endroit le moins accessible où elle est environnée de marais et d'un pays tout entrecoupé de watergants et fossés pleins d'eau en tout temps, qui, se pouvant inonder dans les besoins, rendent son accès si difficile du côté de la campagne qu'il y a tout lieu d'espérer qu'elle ne sera attaquée qu'après la prise de la ville, auquel cas l'ennemi sera obligé à deux sièges pour un, qui est ce que l'on peut désirer de mieux, à quoi les précautions qu'on peut prendre aux environs peuvent encore beaucoup contribuer. Elle recule fort la circonvallation en occupant un terrain éloigné et tout à fait hors la vieille enceinte de la ville, ce qui a donné moyen d'y faire une grande et belle esplanade sans avoir été obligé d'abattre une seule maison.

Dans cette situation, elle a encore épargné 2 ou 3 bastions à la ville qu'il aurait de nécessité fallu faire pour fortifier le front de la porte de la Barre, dont les murs, bâtis à l'antique, n'avaient pour défense que de très simples tours, fondées sur berme, couvertes d'un mauvais fossé et par une petite corne de terre tout écrasée.

Au surplus, elle commande à la ville par deux bastions et plus, et à la campagne par trois, et, bien que située à l'une des extrémités de la ville, il n'y a aucune partie qui ne soit soumise à l'effet de son canon et de ses bombes.

Elle a un état-major particulier, composé d'un gouverneur, d'un lieutenant du Roi, d'un major, aide-major et capitaine des portes, et de tous les officiers d'artillerie nécessaires, et, pour garnison ordinaire, 2 bataillons ou un bataillon avec une compagnie suisse; au surplus, tous les logements nécessaires sont faits et achevés, à quelques souterrains près. Les logements consistent en l'église, l'arsenal et tous ses accompagnements, les logements de l'état-major, les magasins à poudre, les casernes, logements d'officiers, portes, corps de garde, moulins et boulangerie, qui sont tous bien faits et en bon état : à quoi on peut ajouter qu'elle est très bien plantée de bois, ce qui lui tient lieu de magasin perpétuel et très abondant de fascines, piquets, gabions, paniers de rempart, de palissades, et bientôt de bois pour les affûts et remontage des pièces.

Fort Saint-Sauveur.

Sur l'autre extrémité de la ville, près la porte des Malades et le quartier Saint-Sauveur, on a retranché le bastion de ce nom (qui est fort grand, fait exprès et plus élevé que les autres) par la gorge, en le bastionnant contre la ville, dont il est séparé par un fossé profond et bien revêtu. Ce fort est accommodé de tous les bâtiments nécessaires et rempli de toutes les munitions de guerre et de bouche qui lui conviennent, ayant de plus sa petite garnison particulière et un commandant, comme la citadelle. Aussi en fait-il l'effet de ce côté-là, où il ne sert pas peu à contenir les émotions de ce quartier, fort peuplé de menus gens qui n'ont rien à perdre et qui a, par conséquent, toujours été le plus séditieux de la ville. Du côté de la campagne, il ne fait que l'office d'un grand bastion mais très bien placé pour lui et les deux qui l'avoisinent.

Voilà l'état présent des ville et citadelle de Lille et fort Saint-Sauveur, aux fortifications desquels il est encore nécessaire d'ajouter tous les ouvrages et réparations proposés dans le projet définitif du 25 janvier 1699.

Dépendance de Lille.

La dépendance de Lille comprend toute sa châtellenie dans laquelle sont les villes de Lille, Douai, Orchies, Armentières, La Bassée, Comines, Lannoy, le petit pays de Laleu, plusieurs gros bourgs qui valent autant que des villes et quelque 180 gros villages et paroisses très peuplés qui remplissent l'étendue de ce petit pays, l'un des meilleurs du monde, et le plus fertile, où on ne voit pas un pied de terre qui ne soit utilement employé et cultivé avec autant de soin que les jardins des environs de Paris. On estime qu'il y a bien 280,000 âmes dans ce petit pays, à tout compter. Il est borné au Nord par la Lys, au Sud par la Scarpe et le Tournaisis, à l'Est par la châtellenie de Courtrai et l'Escaut, et à l'Ouest par l'Artois avec lequel il y a quelque enclavement, de même qu'avec le Hainaut, et au delà de l'Escaut où il y a 3 ou 4 villages de sa dépendance (1).

Il y a quelques années qu'on a communiqué la Deûle à la Scarpe par un canal qui commence au fort de la Scarpe et qui ramasse, chemin faisant, les eaux des ruisseaux de Dorignies, de Lens et de La Bassée, avec celles des marais de Pont-à-Vendin Ce canal est navigable et porte d'assez gros bateaux; ainsi font les rivières de Lens et de La Bassée qui n'étaient que de petits ruisseaux qu'on a érigés en canaux navigables. Le défaut de cette navigation procède de ce que le canal est trop étroit et qu'il y manque d'eau, en quantité suffisante, et un ou deux sas.

Un autre plus grand défaut est que sa navigation finit à son entrée dans la ville de Lille, n'y ayant d'autre communication de la haute à la basse Deûle que par des charrois ou par les porte-au-sac. Les branches qui traversent la ville sont étroites, bordées de maisons et trop peu profondes pour y pouvoir faire une navigation.

La Lys, bonne rivière et qui porte d'assez gros bateaux, sépare le pays de Lille de la Flandre flamingante. La Deûle en traverse une bonne partie et la Marque le divise presque par le milieu. On a rendu la première navigable jusqu'à la ville, sans la traverser, et depuis le bas de la ville jusqu'à son embouchure dans la Lys; mais la Marque n'est qu'un égout des bois de Phalempin et de Mons-en-Pevèle, qui est à sec la plus grande partie de l'année. La Scarpe sépare ce pays du Hainaut et de la châtellenie de Bouchain. Elle porte aussi bateaux à l'aide des écluses qu'on y a faites. L'Escaut la borde par une de ses extrémités au dessous de Tournai.

---

(1) Voir la carte de la châtellenie de Lille.

Il y a peu de bois dans la châtellenie, et, hors ceux de Phalempin et de Raches, je n'en sais pas qui mérite que l'on en fasse cas par son étendue.

Tous les fruits de France y viennent bien, mais ils perdent beaucoup de leur bonté.

Quant à la qualité de la terre, elle est douce et facile à travailler et porte des blés de toute espèce abondamment, rendant, ordinairement, 8, 10, 12 à 15 pour 1; elle porte aussi du grand trèfle qui leur tient lieu de foin, ce qui est excellent pour l'engrais des bestiaux, beaucoup de colzas dont ils font un grand trafic pour les huiles qu'ils en tirent, de la garance, du houblon et beaucoup de ce gros orge dont on fait la bière, qu'ils appellent sucrion, du lin, quelque chanvre, des pois et des fèves et tout ce qu'on lui veut faire porter, car la terre est très fertile et ne refuse rien. C'est encore le pays du monde le plus abondant en fourrages et en bon laitage.

La ville, non plus que la citadelle et le fort Saint-Sauveur, ne sont commandés de rien et commandent à tout ce qui les environne jusqu'à l'extrême portée du canon, hors l'avenue de la Madeleine dont nous parlerons ci-après.

Les cours de la haute et basse Deûle sont bordés de prairies à droite et à gauche, fort étroites; celles de la haute sont plus larges et ont les bords moins élevés. Elles sont aussi plus marécageuses et coupées de fossés, et l'une et l'autre sont ombragées de haies vives et mêlées de bois blanc, de saules, d'aunes, peupliers et autres gros bons bois à brûler et à bâtir, car on ne voit rien d'inutile en ce pays-là, ce qui s'entend jusqu'au Quesnoy, même jusqu'à Deulémont, d'une part, et de l'autre jusqu'à Loos, le Haubourdin et Don.

Le cours de la Marque est aussi accompagné de prairies de peu de largeur et un peu marécageuses jusqu'au Pont-à-Tressin et Bouvines. Ce pays entre elle et le chemin de Tournai est bas, plat et humide, notamment vers Hellemmes, Flers et Annapes; il est aussi entrecoupé de haies vives et de fossés comme dessus. Il n'y a que Mons-en-Barœul dont le territoire s'élève un peu, après quoi il retombe en pente vers la Marque, Flers et le chemin de Tournai.

L'avenue de Fives, qui est la même que celle de Tournai, est un peu embarrassée, près de la place, des maisons qu'on y bâtit de jour en jour le long du grand chemin, mais, comme les plus prochaines sont à 120 toises de la place, qui est la distance marquée à ceux qui veulent y bâtir, et que ces maisons sont de très peu de valeur, ce ne serait pas une affaire que de les démolir en cas de siège. Le surplus est plat, entrecoupé de grosses haies et de fossés qui enferment des préaux, jardins et vergers, la plupart plantés de bois à brûler comme dessus, ce qui ombrage le pays et fait couvert autour des villages de Fives et d'Hellemmes, mais cela n'est pas une affaire, on s'en déferait toujours aisément et même avec utilité, s'il y avait lieu de craindre un siège.

Le pays est fort plat sur la droite, mais il s'élève un peu en tirant vers Lezennes; au sortir d'Hellemmes et de la Maisoncelle, il se dégage et s'ouvre en de larges plaines à perte de vue, qui s'étendent jusqu'à la Marque et au Pont-à-Tressin.

Depuis Lezennes, en tirant vers Ronchin, Thumesnil, Esquermes et Loos, le pays continue à s'étendre à de grandes plaines, fort découvertes, où il se forme une grande et belle campagne fort unie sans qu'il y ait de couvert capable de nuire à la place. Le pays s'élève un peu en tirant vers Faches, après quoi il s'abaisse vers la Marque et Seclin, s'allonge et s'élargit partout en de grandes campagnes qui ne sont terminées que par la Deûle et les marais du Pont-à-Vendin. J'oubliais à dire qu'il y a une espèce de petit faubourg devant la porte des Malades, appelé le Billau, de peu de considération; un autre devant celle de Notre-Dame et un autre devant la porte de la Barre, de 12 à 15 maisons chacun, bâties dans la distance prescrite. Elles sont toutes de peu de valeur.

Depuis Haubourdin et Esquermes, en tirant vers Lomme et Lambersart, ce pays est plat, très coupé de fossés et de haies, notamment à l'approche de la citadelle où il est fort aisé à inonder hors la portée du canon. Il est même planté de part et d'autre le long des chemins et des bords des fossés dont il est fréquemment coupé, ce qui continue jusqu'à La Bassée, La Gorgue, la Lys et la basse Deûle. C'est un pays gras, fertile et très bourbeux pendant les hivers et même les printemps, notamment près de la citadelle où il est presque inaccessible en tout temps, tant il est bas et coupé de fossés pleins d'eau.

J'aurais beaucoup de choses à dire sur la description de ce pays et des dedans de sa capitale, mais il s'agit d'un exposé succinct de ses propriétés militaires et je crains de manquer d'espace.

Propriétés désavantageuses de la ville et citadelle de Lille (1).

La première consiste aux eaux qui peuvent être détournées par un canal de 7 à 8 toises de large, en les prenant entre le Haubourdin et la fourche des rivières près la Planche du Quesnoy, le faisant

(1) Le titre était : « Propriétés militaires de la ville et citadelle de Lille et premièrement les mauvaises ». Vauban a écrit de sa main « désavantageuses ».

passer après entre Lambersart et la citadelle, à une petite portée de canon de cette dernière. On l'embouchera facilement dans la basse Deûle au dessus de Marquette. Ce détour, qui pourrait avoir 2,500 toises de long sur 6 toises réduites de large, peut être fait par le travail de 6,000 paysans en 8 ou 10 jours de temps. C'est un coup sûr pour qui voudra l'entreprendre, qui jetterait la ville dans une étrange nécessité, car : 1° les moulins ne pourraient plus tourner; 2° toutes les inondations se tariraient bientôt et la citadelle, en étant privée, pourrait être la première attaquée; 3° l'eau ne pourrait plus remplir ni courir dans tous les fossés de la ville comme on se le propose, et 4° les canaux de la ville se dessécheraient continuellement en suite de ce détour et s'empuanteraient. Cet inconvénient, en un mot, traîne après soi les défauts les plus pernicieux de cette place et qui seraient les plus capables de l'incommoder.

La deuxième consiste en ce que le pays des environs, étant coupé par la haute et la basse Deûle et par la Marque, et de plus circonvallé par les rivières de la Lys et de la Scarpe et de partie du canal de Lille, peut beaucoup contribuer à l'empêchement des secours et donner moyen aux armées d'observation, qui sauraient se mouvoir à propos, de prendre plusieurs postes avantageux le long de ces rivières en les mettant toujours devant elles à portée et aux environs du siège, sans s'en beaucoup écarter.

3° Les inondations même pourraient lui être nuisibles en certains cas, étant données mal à propos, en ce qu'elles empêcheraient qu'une armée de secours ne se pût bien manier et donner le change à l'ennemi, qui verrait toujours ce qu'elle peut faire par l'usage qu'elle ferait de ses eaux.

4° Le pays même serait très incommodé de part et d'autre de l'inondation, parce qu'étant tout coupé de fossés, la cavalerie aurait peine à s'y manier.

5° Si Menin était au pouvoir de l'ennemi, la Lys et la Deûle pourraient amener les munitions et matériaux nécessaires à un siège, notamment aux attaques, jusque tout près la queue de la tranchée, et de cette façon beaucoup les faciliter, autre défaut très considérable.

6° L'avenue de la Madeleine, aussi élevée que les fortifications de cette tête, cache derrière elle un grand fond qui commence à 400 ou 500 toises de la place et retombe après, par une pente douce, jusque vers la Marque où il se forme un couvert, au dessus et au dessous du Pont-de-Marque, très étendu et si enfoncé que, de là, on ne voit pas la pointe des clochers de la place, ce qui le rend très avantageux pour une ouverture de tranchée qui trouverait là tout le couvert nécessaire au petit parc et à l'hôpital, de l'eau derrière elle, des fascines en abondance le long des bords de la Marque, une rivière navigable tout contre qui pourrait lui apporter tous ses besoins à pied d'œuvre : à quoi il faut ajouter que le terrain de la tranchée est doux, facile à manier, les situations pour les places d'armes et batteries très bonnes et des plus avantageuses des environs de la place.

Cette complication de défauts, jointe à celui de l'article précédent, ne doit pas laisser aucun lieu de douter que la place ne soit attaquée par là, pour peu que l'ennemi soit éclairé.

7° On peut compter pour défaut les 55,000 à 60,000 âmes qu'il y a dans cette place, pour laquelle défendre il faudrait au moins 12,000 hommes de garnison plutôt plus que moins, ce qui fera le nombre de 67,000 à 72,000 personnes, pour lequel nourrir une année il faut 216,000 septiers de blé à raison de trois septiers pour chaque personne, pour une demi-année 108,000 septiers, pour trois mois 54,000 et pour six semaines 27,000. Je doute fort qu'il y ait des temps dans l'année où il se puisse trouver une si grande quantité dans Lille.

8° Il n'y a que quatre moulins à eau dans cette place, assez médiocres, qui n'ont pas d'eau suffisamment les deux tiers de l'année, et cinq moulins à vent sur les remparts, qui ne travaillent pas non plus la moitié du temps, faute de vent, et par l'empêchement des arbres du rempart et des maisons. On ne serait pas fort assuré de ceux-ci pendant un siège : du moins il est sûr que les plus près des attaques manqueraient bientôt.

Tous ces moulins ensemble ne sauraient faire plus de 150 razières de farine en un jour, un temps compensant l'autre, ce qui revient à 84 1/4 septiers, mesure de Paris, et il en faudrait 400 septiers par jour pour pouvoir nourrir toute cette grande quantité de monde. Le peuple ne se plaint pas cependant du défaut de ces moulins, parce qu'il y en a à Don, à Wazemmes et à Marquette, qui travaillent pour la ville, et que les bourgeois en ont aussi une grande quantité à bras chez eux dont ils se servent pour leur usage particulier, en sorte que ce défaut ne paraît point, mais, s'il arrivait un siège et qu'on fût privé des moulins extérieurs, on s'en apercevrait d'une manière bien désagréable.

9° Les fourrages ne manqueront jamais à une armée assiégeante, quelque nombreuse qu'elle puisse être, et quelque temps qu'elle pût employer à faire ce siège. Il s'y en trouvera facilement entre la Lys, la Marque, la Scarpe, la basse et haute Deûle et l'Escaut, sans qu'on fût obligé de les aller chercher plus loin.

10° On peut encore compter au nombre des défauts de cette place le peu d'affection de ses peuples qui, en qualité de nouvellement conquis, conservent toujours un désir de retour à leur ancien maître, à ce induits par leur inclination naturelle et par le mauvais état où cette dernière guerre les a mis, pendant laquelle ils ont été exposés aux vexations des traitants comme tous les autres, et, par dessus cela, à beaucoup de fourrages, de corvées et de contributions tacites, outre plusieurs passages de troupes en gros et en détail, et enfin beaucoup d'extraordinaires dont la queue se fait encore très vivement sentir.

Propriétés avantageuses de Lille par rapport a sa situation.

Premièrement, cette ville étant à proprement parler le magasin des armées de Flandre, et le lieu où elles trouvent tous leurs besoins, à plus forte raison une garnison pourra-t-elle les y trouver, quand il sera question de sa défense. Il ne faut que se donner de l'attention pour cela et en faire la recherche, et, autant qu'on trouvera de boutiques bien garnies de marchandises, ce sera autant de magasins propres à quelque chose en cas de siège.

2° Elle et ses environs sont très propres au soutien des armées faibles qui seraient obligées de demeurer sur la défensive et de se manœuvrer et ménager le long de la Marque et de la Deûle, de la Lys et de l'Escaut, au nécessaire desquelles elle peut beaucoup contribuer de son abondance.

3° Elle est capitale d'un bon et excellent pays de bestiaux, de fourrages et de vivres de toutes espèces, et par conséquent capable de tous les secours possibles et nécessaires au soutien des armées et de sa garnison : c'est pourquoi, en prenant bien son temps et ses mesures, on ne manquera jamais de rien dans cette place.

4° Il n'y a point de pays dans le royaume d'où il soit plus facile de tirer en peu de temps tant de charrois par terre et par eau que de celui-ci, ni tant de paysans pour le secours des armées quand il s'agit d'un siège. Nous en avons fait plusieurs expériences.

5° Présentement que la ville de Lille peut communiquer à la

Scarpe au moyen de son canal, on peut en tirer par là non seulement toutes les eaux du petit Sensée qui tombe dans la Scarpe au dessus du sas de Lambres, mais encore toutes celles de la Scarpe même, quand il en sera besoin pour inonder les marais et prairies depuis Don en bas, ce qui couvrirait (1) plus du tiers de la ville de Lille, presque toute la citadelle, mettrait plus de trois pieds d'eau de plus qu'il n'y en a dans les fossés de la ville et en fournirait une très grande abondance dans la même, capable de faire tourner tous ses moulins faits et à faire à pleine vanne, et d'entretenir la plénitude de tous les canaux de la ville, de bonne eau vive et nette.

6° La facilité de pouvoir donner ou retenir les eaux à discrétion pourra aussi donner moyen à une armée de secours, en se ménageant, de se glisser le long du dit canal et de la Deûle, et, en appuyant sa droite ou sa gauche sur les marais inondés de la Deûle, s'approcher des lignes jusque vers Don et s'y retrancher. Il serait bien difficile en ce cas que l'ennemi pût empêcher les petits secours d'entrer nuitamment dans la place, ni qu'il pût saigner l'inondation ni en maintenir la saignée s'il l'avait faite, non plus que de faire la digue nécessaire à ce détour, notamment si les assiégés se maintenaient dans les postes près la Planche du Quesnoy et dans les autres réduits et retranchements comme nous dirons ci-après.

7° La disposition du pays donne moyen de faire un retranchement à preuve le long des bords de la haute Deûle, depuis la Planche du Quesnoy jusqu'à la redoute de Canteleu, et depuis cette redoute jusques au bord de l'avant-fossé de la citadelle, lequel retranchement, aboutissant par sa gauche à la dite Planche du Quesnoy, serait soutenu par la redoute que nous supposons devoir être bâtie dans la queue de l'inondation, près le château de Stapar; son milieu le sera par la redoute de Canteleu et sa droite par la citadelle; tous les accès en étant d'ailleurs défendus par les watergants et petits fossés pleins d'eau bord à bord et noyés de la campagne, qui en est tout entrecoupée, et par les courants des inondations, rendront ce retranchement fort comme une place de guerre et très aisé à soutenir, moyennant quoi il éloignera la circonvallation de la portée du canon, de plus empêchera la saignée de l'inondation et pourrait rendre la citadelle inattaquable par le dehors, fournirait un petit camp très sûr à pouvoir retirer les gros bagages d'une armée qui aurait quelque expédition pressée à faire, serait très propre pour

(1) En marge de sa minute, Vauban a écrit de sa main : « propriétés singulières et très excellentes ».

mettre en sûreté 7 à 8 bataillons de troupes auxiliaires qu'on ne voudrait pas faire entrer dans la ville : ce serait encore un refuge assuré pour les paysans de la campagne qui s'y voudraient retirer pendant un siège avec leurs bestiaux.

8° La fontaine de Fives fournit de quoi faire une petite inondation entre l'église de ce lieu et la place, soutenue par une écluse dans le chemin couvert, laquelle inondation partagerait le terrain, autoriserait les assiégés à prendre des revers sur sa droite et sur sa gauche, au moyen de la redoute (77), sur les attaques qui oseraient s'en mettre à portée, ce qui produit là un espace de 200 à 300 toises d'étendue qui, par cette raison, devient comme inaccessible.

9° L'effet de cette inondation, joint à celle de la Marque et de la haute Deûle, est ce qui a donné lieu à la proposition de l'article 32 du projet de 1699 qui consiste à faire un camp retranché dans cette partie, renfermé entre la Marque et la Deûle, la ville, l'inondation de Fives et une ligne tirée depuis l'église de Fives à la Marque, et le surplus contenu au dit article.

Propriétés particulières attachées a la place qui indiquent l'usage qu'on en peut faire.

Le siège de Lille ne sera guère praticable tant que Menin et Tournai seront au Roi par les raisons que l'ennemi serait obligé de tirer ses vivres et munitions de guerre de Gand par terre, d'où s'ensuivrait que les armées de secours, se pouvant camper sous l'une ou l'autre de ces places, l'incommoderaient trop dans ses convois pour qu'il pût se soutenir devant celle-ci. Je sais bien que son armée d'observation, s'il en avait une, pourrait s'employer à cela, mais la circonvallation de Lille serait trop grande pour qu'il pût les garder, fournir aux attaques et avoir encore une armée d'observation considérable en même temps.

Pour que les propriétés attachées au corps de la place puissent avoir tout leur mérite, il en faut supposer toutes les fortifications achevées suivant l'intention du projet de 1699 et son supplément, après quoi on peut s'assurer que, si on garde bien l'inondation, toutes les apparences sont que la citadelle ne sera point attaquée la première parce que tous ses environs pourront être tellement inondés qu'il n'y aura pas moyen d'en approcher, auquel cas voilà l'ennemi obligé à deux sièges pour un, ce qui ne va pas moins qu'à doubler les pertes, le temps et la dépense.

Il est évident que la ville ne pourra être attaquée par la partie entre la citadelle et la porte Notre-Dame, parce que les abords de ce côté seront inondés, et, quand ils ne le seraient pas, ils sont naturellement si marécageux et si coupés de fossés qu'il n'y a point de tranchée qui en puisse approcher.

Il n'attaquera pas entre la corne (70, 71) et la porte Notre-Dame parce que ce serait donner dans un angle rentrant par une tête étroite qui, en s'avançant, se mettrait à dos les feux de la corne et de la digue (112) (qui deviendrait pour lors retranchement sinon partie de l'augmentation) encore plus dangereux, entre lesquels il se trouvera croisé de tous côtés et en état d'être battu et de ne pas faire un pas en avant. Ainsi on peut s'assurer que voilà toute la partie entre la citadelle et la corne (70, 71) en sûreté, soit que l'inondation subsiste ou non, attendu que, de quelque façon qu'on le tourne, l'ennemi se trouvera toujours dans la même situation.

Si l'ennemi attaque par la corne (70, 71), cette pièce pourra lui faire à peu près la même résistance que le corps de la place, puisqu'il sera obligé aux mêmes procédures, après quoi il aura les dedans à discuter, les deux demi-lunes de la droite et de la gauche à prendre, et tout cela ne le mènera qu'au bastion des canonniers (30), qui étant bien retranché, son retranchement revêtu, et ce bastion seul attaqué, la garnison aura moyen d'y faire une belle défense parce que, n'étant point divertie par d'autres attaques, elle pourra employer toutes ses forces à la défense de celle-là. A tout ce que dessus on peut encore ajouter que, si les rivières ne sont point détournées, les courants passeront à plein fossés dans tous ceux de cette fortification, ce qui contribuera encore beaucoup à sa défense.

Si l'ennemi attaque par le bastion Saint-Sauveur, il aura, outre le chemin couvert, trois grandes pièces à prendre avant de pouvoir aborder son fossé, savoir les deux demi-lunes (31 et 40), la contre-garde (73) et les revers des deux ouvrages à cornes de la droite et de la gauche à essuyer, qui croiseront terriblement sur les avenues des deux demi-lunes, de sorte qu'à juger selon les règles, il est presque impossible qu'il s'en puisse rendre maître, ni que même il les puisse garder, quand il le serait.

Mais supposé qu'il pût venir à bout de s'y maintenir, il aura, après cela, un seul bastion à prendre, très bien défendu, et dans le fossé duquel les courants pourront lui faire encore des obstacles considérables, ce qui, joint à l'effet des tenailles de la droite et de la gauche, rendra cette attaque non moins difficile que les précédentes.

Si l'ennemi attaque par la corne (73, 74), il aura les mêmes difficultés à surmonter que par la (70 et 71) et deux demi-lunes à prendre (40 et 42), ce qui le mènera au bastion de la Noble-Tour (41), dont la gorge est retranchée, de sorte que cette partie est aussi en état de faire une bonne défense que pas une autre. Ajoutons ici que la campagne ne favorise point la tranchée. Il faudrait de nécessité l'ouvrir de fort loin. Partant, il n'y a pas d'apparence que l'ennemi attaque par le bastion de Fives (43), parce qu'il n'en pourrait venir à bout sans prendre la corne (73 et 74), autrement il ne se pourrait rendre maître de la demi-lune (42), ni s'y maintenir, quand il l'aurait prise, qu'avec des peines infinies; d'autre part, il serait battu du revers de la redoute inondée (77) par sa droite, qui l'empêchera de s'établir sur les glacis du chemin couvert, devant la face gauche du bastion de Fives (43), et de prendre la demi-lune (44). A joindre que ce bastion est encore retranché par la gorge.

Depuis la face gauche de (43) jusqu'à la pointe du bastion (47), la place ne paraît pas autrement attaquable, tant par l'empêchement de la petite inondation que par les revers de la redoute (77).

Depuis (47) jusqu'à la pointe du demi-bastion de la corne (80), la place forme une grande ligne droite qui ne me paraît pas propre aux attaques, attendu : 1° qu'il n'y a point d'ouverture de tranchée favorable, et 2° que c'est un grand front bien armé qui se défend très bien par le milieu, et dont les extrémités sont protégées par les revers de (77) et de la corne (80).

La tête de la Madeleine est sans doute la plus exposée de toutes à cause de l'élévation du terrain qui est, devant elle, très bien disposée pour une attaque, car le terrain y est très bon, facile à remuer, les situations pour les batteries et places d'armes excellentes se donnent d'elles-mêmes un grand front très étendu pour l'ouverture de la tranchée, une rivière navigable à la queue, de l'eau bonne à boire, des bois, des fascines abondamment, et tout ce qui peut favoriser une tranchée n'y manque pas, mais ladite tête est fortifiée en vue de cette attaque, car l'ouvrage à cornes est très bon et fortifié avec beaucoup plus de soin que les autres, et il faut de nécessité que l'ennemi s'adresse à lui, qu'il s'en rende maître et que, pour cet effet, il épuise toute sa résistance du dehors et les chicanes du dedans, qu'après cela il prenne les deux pièces de la droite et de la gauche (57 et 50), qu'ensuite il prenne encore la demi-lune (54) qui est retranchée par une autre revêtue (53) de même que la première, et qu'enfin il se rende maître du corps de la place après avoir surmonté toutes les oppositions du fossé de la tenaille et celui du corps de la place qui le mènerait bien loin.

Il n'attaquera pas le bastion (58), non plus que la demi-lune (57), indépendamment de la corne (80, 81) et de la tenaille (83). S'il y veut aller, il faudra de nécessité qu'il attaque l'un et l'autre, auquel cas il aura plus tôt fait de pousser devant soi, par celle de ces grandes pièces qui lui conviendra le mieux, qui sera bien sûrement la corne.

Par la même raison, il n'attaquera pas entre la corne de Saint-André (85, 86) et la basse Deûle, parce que le côté droit de ladite corne et la gauche de la grande tenaille (84) tiennent cette partie sous leur protection, d'une manière à n'y pouvoir pas seulement penser. A joindre qu'il serait obligé de porter une partie de ses attaques de l'autre côté de la Deûle, quelque part comme en ( ) (1), ne fût-ce que pour y soutenir le canon qu'il y faudrait mettre, ce qui les obligerait à doubler leurs gardes, crainte des sorties.

L'ennemi n'attaquera pas entre ladite corne de Saint-André et la citadelle (68, 69), parce que cette partie serait protégée par le côté gauche de la même corne et par la citadelle qui, de son canon et de ses dehors, et même de ses inondations, incommoderait fort les attaques. Ainsi, supposé qu'il attaque par l'avenue de Marquette, il sera obligé de s'attacher à la corne (85 et 86), de prendre les deux demi-lunes (63 et 67) et de s'attacher après au seul bastion du Metz (64), ce qui rassemblera là toute la garnison comme à la plupart des attaques précédentes, qui est la manière d'attaquer la plus disgrâciée de toutes et en même temps la disposition la plus favorable à une bonne défense, ce qui peut la faire durer plus de temps parce qu'elle ne présente qu'une pièce à l'ennemi à laquelle il se puisse attacher.

Ce n'est point pour faire paraître cette place impénétrable aux attaques réglées que j'ai ici exposé les principales difficultés de chacune en particulier (on sait bien qu'il n'y a point d'attaque qui, par les suites, ne puisse pousser sa place à bout), mais pour faire voir que celle-ci doit mener l'assiégeant bien loin par le secours de ses grands dehors qui sont excellemment placés, car il est certain qu'il n'y a d'attaque raisonnable que par la tête des quatre cornes et que chacune d'elles présuppose un redoublement de défense, qui doit considérablement allonger celle de la place.

A l'égard du choix des attaques, supposé que l'ennemi se fût rendu maître de Menin, on doit tenir pour certain qu'il attaquera par la tête de la Madeleine, c'est-à-dire par la corne (80, 81), par préférence à toute autre, à cause des commodités énoncées aux articles de ses propriétés (2).

---

(1) En blanc dans l'original.

(2) En 1708, les alliés, maîtres de Menin, étendirent d'abord leurs attaques, au siège de Lille, depuis l'ouvrage à cornes de la Madeleine jusqu'à l'ouvrage à cornes de Saint-André, à cheval sur la

Après celle-là, l'attaque la plus apparente est celle de la corne Saint-André, à cause de la rivière qui pourrait encore amener les matériaux nécessaires aux attaques jusques au dessus de Marquette, même pour le logement du général, qui se trouverait à la queue de la tranchée, ou de quelque autre chef de considération, ou enfin d'un lieu propre à faire l'hôpital de quelque couvert qui se trouve sur l'extrémité de cette avenue et de beaucoup de bois dans les haies pour faire des fascines.

Si l'ennemi ne prend pas le parti de ces deux premières attaques, vraisemblablement il prendra celui d'attaquer par la corne de la Noble-Tour et le bastion de Fives (75, 74), à cause du premier siège dont les attaques se firent par là, car on se détermine volontiers sur de tels exemples en cas pareil quand on manque de connaissance suffisante, à joindre que cette partie se présente bien.

Il est à présumer que, si l'ennemi attaque par la ville, il fera choix de l'une de ces trois attaques, mais, s'il pouvait venir à bout de détourner les eaux, la raison voudrait en toute manière qu'il s'attachât à la citadelle, par préférence à la ville, parce qu'en prenant celle-là ils se rendront maîtres de celle-ci, au lieu qu'en prenant la ville la première il aurait à recommencer contre la citadelle qui serait encore une affaire à le mener loin, mais, s'il commence enfin par la ville, ce qui dépendra en quelque façon de la manière que la garnison conduira sa défense, il attaquera infailliblement la citadelle par l'esplanade, car les difficultés sont plus grandes partout ailleurs que par là. Pour moi, je sais bien que j'attaquerais par la citadelle (1).

De la connaissance de ces propriétés bonnes ou mauvaises, on

---

basse Deûle. Leurs efforts s'attachèrent à ruiner la face gauche (81) de l'ouvrage à cornes de la Madeleine, la face droite (85) de l'ouvrage à cornes de Saint-André, le ravelin (60) et ses tenaillons (84, 83). C'était là un front d'attaque trop étendu que l'assiégeant se vit obligé de réduire au ravelin (60) et aux deux bastions (58 et 61) que couvrait ce ravelin. *(Le siège de la ville et de la citadelle de Lille en 1708.)*

(1) Sur la minute de son Mémoire, Vauban avait fait écrire et écrit, en partie, de sa main : « Mais je sais encore mieux que, si j'étais chargé de sa défense et bien préparé, j'en rendrais les attaques bien mortifiantes pour ceux qui les auraient entreprises, peut-être même que je pourrais les faire manquer, si j'étais soutenu d'ailleurs ». Sa modestie lui a fait ensuite supprimer cette fin de phrase.

Ici s'arrête la minute du Mémoire qui porte des corrections de la main de Vauban.

pourra tirer les conséquences suivantes, qui sont essentielles, et plusieurs autres qui ne sont pas à négliger. La première et principale regarde l'écoulement des eaux de l'inondation qui sera, sinon tout à fait corrigée, du moins très considérablement retardée, si le retranchement de Canteleu est fait comme il est proposé au (31) article de l'instruction, l'inondation prolongée jusqu'au dessus de Loos au moyen de l'écluse de Canteleu et du réservoir de la Planche du Quesnoy qu'il faudra rétablir et rehausser et la soutenir par la redoute revêtue de Stapar et les autres de terres et de gazons à preuve, qu'on pourra construire le long et dans le milieu de l'inondation, espacées à 300 toises l'une de l'autre aussi loin que ladite inondation pourra s'étendre. Et où elle ne montera plus, on pourra faire encore quelques-unes à pareille distance et les isoler par la rivière qui, conservant une assez grande profondeur sur un gros courant, se fera sentir jusque bien près de Haubourdin et même au dessus, lequel courant sera considérablement renforcé par les eaux qu'on y pourra donner de la Scarpe en telle et si grande quantité qu'on voudra, car, si les inondations de Douai sont formées, on les aura tant qu'on voudra.

Ces redoutes munies de canon et de 100 hommes chacune, avec ordre de se laisser forcer plutôt que de se rendre, et le retranchement de Canteleu gardé et défendu avec opiniâtreté par plusieurs bataillons, les bois qui pourront nuire le long de l'inondation préalablement coupés et abattus et les chaussées de Loos et du Haubourdin coupées et abaissées, l'ennemi ne pourra pas saigner l'inondation car, bien qu'il lui fût aisé dans un pays comme celui-là d'y approfondir un grand et large canal en peu de temps, il ne pourra pas faire la digue en travers de ladite inondation parce qu'elle lui serait disputée par les eaux et par le feu du canon et de la mousqueterie des redoutes et par le retranchement de Canteleu. A joindre que, ne pouvant établir de ponts tant que ces redoutes subsisteront, une armée de secours pourrait avoir le temps de s'approcher et de se saisir des bords du haut de la Deûle et de s'en couvrir, et, avec nombre de ponts sur cette rivière, il lui sera aisé de se manœuvrer, et, en se postant tantôt d'un côté, tantôt d'un autre, elle embarrasserait extrêmement l'ennemi qui n'en pourrait point faire autant à cause de l'inondation, serait obligé en se tenant tout d'un côté d'abandonner l'autre à l'armée de secours, n'y ayant pas d'apparence qu'il osât soutenir la circonvallation des deux côtés, sans communication de l'un à l'autre. De cette façon, la place se trouvera secourue sans coup férir.

Si ce moyen n'est pas absolument sûr, il en a du moins les apparences, mais, supposé qu'une armée de secours fût prévenue ou déconcertée par l'armée d'observation de l'ennemi, ce ne serait plus la même chose, et ce moyen deviendrait inutile, au très grand préjudice des affaires du Roi et de la place; c'est pourquoi l'armée de secours doit user de grande diligence et ne pas manquer de se trouver à portée de gagner le devant avant l'ennemi, s'il est possible. Mais, supposé qu'il n'y ait point d'armée de secours, il ne faudra pas laisser de garder les redoutes et le retranchement avec la même opiniâtreté parce que leur défense pourra reculer l'ennemi de 12 à 15 jours, et, avant que toutes les eaux des lieux qui auront été inondés fussent bien écoulées, il se passerait encore un temps considérable qui serait autant de gagné pour la place et de perdu pour l'ennemi.

De ce qui est dit ci-dessus, il s'ensuit que, si on voyait venir un siège à Lille, il ne faudrait pas se presser de donner la Scarpe à pleine écluse, mais simplement de quoi former l'inondation sans la faire monter trop haut, afin que l'armée de secours se pût manier le long de la haute Deûle et facilement mener ses besoins jusqu'à Don, mais, quand elle aura pris poste et qu'elle s'y sera fortifiée, pour lors on pourra la donner tout entière si on le juge à propos pour faire davantage enfler l'inondation aux environs des redoutes, remplir les fossés de la ville, renforcer les courants, remplir et noyer les watergants et le pays devant le retranchement de Canteleu et la citadelle et fournir aux moulins de la ville de l'eau plus abondamment.

S'il y a une armée de secours, elle fera fort bien de se saisir de bonne heure du Pont-à-Vendin et de le garder, jusqu'à ce qu'elle ait pris établissement vers Berclau et Don.

Ceux de la place feront bien de leur côté d'étendre leur feu, tant qu'ils pourront, dans les marais, par de petits logements de mousquetaires, posés entre les fossés noyés qu'il faudra traverser d'une infinité de petits bâtardeaux de terre élevés à fleur d'eau. Il ne faudra pas même hésiter à employer bien du canon à la défense du retranchement de Canteleu et des autres postes avancés dont il sera bon de précautionner les derrières contre les revers du côté d'Esquermes, quand même on y devrait faire un parados tout le long, l'importance du poste le requérant ainsi, si mieux on n'aime défendre les abords de l'inondation de ce côté par 3 ou 4 redoutes à preuve, enveloppées et couvertes par les eaux de ladite inondation.

Il n'y a que les armées de secours qui puissent réparer le troisième défaut reproché à cette place, soit en se postant de bonne heure et avant que l'ennemi ait le temps de se reconnaître le long des bords de la Deûle, ou en prenant poste sous la Lys ou sous Tournai et encore mieux dans le camp retranché de Chenock, qui est bien le meilleur de tous, car il est sûr que, quand il sera occupé par une armée, ne fût-elle que de 12,000 à 15,000 hommes indépendants de la garnison, l'ennemi n'en entreprendra jamais le siège.

Le poste de Don ou de Berclau, avec l'inondation fortifiée, ferait le même effet mais avec moins de commodité.

On préviendra le quatrième défaut en donnant sagement les eaux, comme il a été dit ci-devant.

Si jamais le malheur voulait que nous eussions perdu Menin, il faudrait, sitôt qu'on verrait les apparences d'un siège à Lille, rompre le sas de Quesnoy et de Wambrechies en démontant les éclusages seulement, minant après les bajoyers jusqu'à fleur d'eau, sans offenser le fond, afin de se conserver toujours le moyen de les rétablir à peu de frais quand il n'y aura plus lieu de craindre un siège. Voilà les corrections qu'on peut faire au cinquième défaut.

Le sixième se corrigera, si corriger on le peut, par bien achever tout ce qui a été proposé pour la fortification de la tête de la Madeleine.

Le septième défaut, qui regarde le manquement des blés, peut se réparer, de la part des peuples, par un bon règlement de police, et, de la part du Roi, par s'assurer de 8,000 à 10,000 septiers pour la garnison. Si la navigation des places conquises à la mer est exécutée, il tombera tant de blé à Lille de l'Artois et du Cambrésis, même de la Picardie, qu'il suffira de traiter avec des marchands pour s'assurer de la quantité dont on aura besoin dans cette ville en cas de siège. Cela ne fera pas la moindre difficulté en s'y prenant un peu de bonne heure.

On peut remédier au défaut des moulins en amenant le petit Sensée dans la Deûle, qui pourra doubler le mouillage de ceux qu'il y a de faits. On en pourra bâtir encore de nouveaux à doubles tournants à l'entrée de cette rivière dans la ville, comme on a fait à Tournai, ce qui sera d'autant plus facile que les eaux doivent être rehaussées à l'occasion du canal proposé à faire dans le bas de l'esplanade, si d'ailleurs on y fait une augmentation comme on l'a proposé, chose à laquelle le bon sens ne répugne pas, pourvu que la plus-value des places en puisse payer le dédommagement et la fortification, en sorte que rien ou peu de chose ne tombe à la charge du Roi, en ce cas elle ne pourrait manquer d'être utile en toute façon, notamment pour le soutien de l'inondation, auquel le parapet de son chemin couvert pourrait servir d'une forte et puissante digue, ce qui donnerait encore lieu au rehaussement pour avoir la chute d'eau nécessaire aux nouveaux moulins.

Ces précautions seront très capables de suppléer au défaut des moulins, parce que si deux nouveaux de plus, avec tout ce qu'il y en a d'existants dans la ville et dans la citadelle, étaient servis par le renfort du petit Sensée et par les secours extraordinaires qu'on pourrait tirer de la Scarpe, ils seraient capables de fournir à tous. Ainsi, soit qu'on fasse cette deuxième augmentation ou non, voilà comme on peut remédier au huitième défaut, qui n'est cependant pas infaillible, vu que, si l'ennemi peut venir à bout de détourner les eaux, tout cela deviendra inutile.

Le neuvième défaut ne se peut réparer, mais il n'est pas considérable.

Le dixième regarde l'affection des peuples. La correction de celui-ci dépend du traitement qu'on leur fera. Elle sera toujours aisée quand on ne donnera point d'atteinte à leurs privilèges, qu'on ne les exposera point à la discrétion des fermiers et des traitants, pires que des loups à leur égard, qu'on ne les surchargera point, qu'on leur donnera part aux emplois de police et de finance de leur pays et dans les charges militaires; que les bénéfices de ce même pays, qui sont presque tous bons, ne seront pas toujours donnés à des Français comme ils le sont aujourd'hui, au préjudice des naturels qui en sont privés, dont les ancêtres ont cependant été les fondateurs; que les mariages, que les officiers-majors des places pourront contracter avec eux, ne leur seront pas un sujet de réprobation; en un mot, quand on les traitera en bons sujets comme les Espagnols les ont traités, il ne faut pas douter qu'ils oublient peu à peu leur ancien maître et qu'ils ne deviennent très bons Français, leurs mœurs et leur naturel convenant beaucoup mieux avec les nôtres qu'avec ceux des Espagnols qu'ils haïssent naturellement jusqu'à n'avoir que peu ou point de commerce avec eux.

Outre tous les moyens proposés ci-dessus pour la correction des défauts de cette place et de ses environs, j'estime qu'il ne sera pas mal à propos d'y ajouter encore les avis suivants :

S'il arrivait un siège à cette place, ne pas faire comme les ennemis qui se laissent aussitôt renfermer dans l'enceinte de leur place.

Il faut, à la faveur du canon, des eaux, des marais et de petits lieux marécageux des environs, tenir la campagne large tant qu'on le pourra pour y occuper de petits postes accommodés et ne se renfermer que le moins et le plus tard qu'il sera possible.

Ne pas attendre la guerre pour la munir de ses besoins ni pour achever ses fortifications ni pour bâtir les redoutes de l'inondation et surtout les retranchements de ces deux camps, savoir de Canteleu et de Chenock, qui sont les pièces qui contribueront le plus à sa défense, si elles sont bien employées, et qui vraisemblablement sauveront la place.

DISPOSITIF POUR RÉGLER L'ESTIMATION DES GARNISON, VIVRES ET MUNITIONS DE GUERRE NÉCESSAIRES A LA DÉFENSE DES VILLE ET CITADELLE DE LILLE.

Supposant la ville attaquée la première par la tête de la Madeleine, quoique la plus forte mais la plus exposée à cause de la proximité de la Deûle et de la Marque, des grands couverts qui se trouvent au delà du faubourg de la Madeleine et des élévations prochaines qui donnent quelque supériorité aux tranchées sur les parties attaquées.

Nous compterons pour la circonvallation, façon des ponts sur la haute et basse Deûle, digues, chaussées et communication des quartiers, amas de munitions et matériaux nécessaires, le temps étant propre, le terrain bon et la rivière libre, par estimation.. 10 jours.

Ouverture de la tranchée et sa conduite jusqu'à la portée du chemin couvert.................................. 10 —

Attaque et défense du chemin couvert............. 3 —

Prise et occupation totale de tout le chemin couvert de la corne (80, 81).................................. 3 —

Descente et passage du fossé de ladite corne et de sa demi-lune (82), attachement du mineur, etc................. 4 —

Brèche à la demi-lune, son ouverture et sa prise...... 2 —

Ouverture de la corne, défense de ses brèches et logements sur les demi-bastions........................ 2 —

Chicanes des dedans par les traverses A, B, et la demi-lune (54).. 3 —

Occupation du chemin couvert de la demi-lune et des traverses .... 1 —

Descente et passage du fossé de la même pièce (54) et attachement du mineur................................ 3 —

Effet de la mine, son attaque et logement sur son angle flanqué .... 2 —

Résistance de la petite (53), assistée des retranchements et traverses de la grande........................... 3 —

Nota que les ennemis seront obligés à l'attaque et prise des pièces collatérales (57 et 79), mais ces attaques marcheront du même pas que celle de la demi-lune (54 et 53) et réussiront à peu près dans le même temps.

Prise et occupation des chemins couverts de (58) en (49) jusqu'à l'établissement des batteries contre les flancs. 4 —

A reporter...... 50 jours.

Report..........	50	jours.
Descente et passage du fossé de la place devant les 3 bastions (58, 55, 51), attachement du mineur aux mêmes, et l'effet des mines............................	5	—
Malfaçons et retards par les sorties et oppositions vigoureuses de la garnison et autres empêchements......	5	—
Total des jours pour la défense de la ville....	60	jours.

La Citadelle.

Après la ville rendue et les ennemis entrés dedans, il est à présumer qu'ils emploieront 2 jours à y prendre des établissements, à se traverser contre la citadelle et faire l'écoulement des eaux de l'inondation, etc......................	2	jours.
Nota qu'il y aura une trêve de quelques jours pour la retraite de la garnison dans la citadelle, que nous ne comprenons pas.		
Depuis l'ouverture de la tranchée par l'esplanade jusqu'à portée de l'avant-chemin couvert.........................	5	—
Passage de l'avant-fossé...........................	3	—
Attaque et établissement sur les angles du chemin couvert.	5	—
Occupation totale dudit chemin couvert................	2	—
Passage et descente au fossé de la demi-lune (1)......	3	—
Attachement du mineur à la même, effet de la mine, logement sur la pointe et défense des dedans...........	5	—
Descente et passage du grand fossé commencés avant la prise de la demi-lune..............................	4	—
Attachement du mineur à l'effet des premières mines..	3	—
Défense jusqu'à l'effet des secondes mines et logement sur le haut des bastions (2, 14)......................	3	—
Retard pour les malfaçons et empêchements, estimé à..	5	—
Total de la citadelle par l'esplanade....	40	jours.
Total de la ville....	60	—
Les deux ensemble....	100	jours.

Attaques de Lille par la citadelle.

Circonvallation comme ci-devant......................	10	jours.
Écoulement des eaux avant que d'ouvrir la tranchée....	6	—
A reporter....	16	jours.

Report	16 jours.
Marche de la tranchée, depuis son ouverture jusqu'à la portée de l'avant-chemin couvert........................	12 —
Attaque et prise de l'avant-chemin couvert et son occupation totale..	3 —
Passage du fossé des lunettes en plusieurs endroits à la fois, et de l'avant-fossé en même temps..............	3 —
Résistance des lunettes après le passage de leurs fossés..	1 —
Attaque, prise et reprise du grand chemin couvert......	4 —
Son occupation totale..................................	2 —
Descente et passage du fossé à la demi-lune..........	2 —
Attachement du mineur, ouverture de cette pièce, attaque et prise de son angle flanqué..........................	3 —
Résistance du dedans...................................	2 —
Passage du grand fossé commencé avant la prise de la demi-lune	4 —
Attachement du mineur au corps de la place, ouverture de la mine et défense des premières brèches..............	4 —
Soutien jusqu'à l'effet des secondes mines............	3 —
Résistance extraordinaire et malfaçons de l'ennemi....	5 —
Total..........	64 jours.

Si on ajoute un ouvrage à cornes de terre à cette place, la résistance pourra aller à 6 jours de plus, ce qui fera.. 70 jours.

Et partant, si l'ennemi attaque Lille par la citadelle, sa résistance en sera moindre de 25 à 30 jours.

Il faut donc faire le calcul des munitions de guerre et de bouche sur le pied de la plus longue résistance, attendu qu'il ne faut pas que ceux qui seront employés à la défense de cette place puissent manquer à tout ce qui pourra dépendre d'eux, pour la prolonger tout autant qu'il leur sera possible, faute de munitions et de tout ce qui pourra leur faire besoin pour la soutenir. Ce sera donc sur ce pied-là que nous règlerons notre calcul.

Officiers extraordinaires nécessaires a sa défense.

La grandeur de cette belle ville mériterait bien que sa défense fût dirigée par un maréchal de France et encore mieux par son gouverneur en personne (1), qui, étant aimé et chéri de la bour-

(1) Ainsi que l'avait demandé Vauban, la défense de Lille fut dirigée, en 1708, par son gouverneur, le maréchal de Boufflers, qui (dit

geoisie, serait bien plus propre qu'un autre à la contenir et à en faire ce qu'il voudrait. Pour l'assister, deux lieutenants généraux, deux maréchaux de camp et quatre brigadiers ne seraient pas trop; l'intendant de la province, son subdélégué, quatre commissaires des guerres, un trésorier avec sa caisse bien fournie, six ou sept ingénieurs avec de bons chefs, un capitaine de mineurs et beaucoup d'ouvriers de toutes sortes dont la plus grande partie se trouveront dans la ville; plus, un bon lieutenant d'artillerie, deux ou trois commissaires provinciaux, dix ou douze ordinaires, et deux compagnies de canonniers avec 40 ou 50 charpentiers, charrons et forgerons de ladite artillerie, outre ceux de la ville qu'on prendra dans les besoins.

La Garnison.

La comptant sur le pied de 500 hommes par bastion (1), elle doit être de 9,000 hommes de pied parce qu'elle a 18 bastions de circuit ou l'équivalent, mais, parce qu'il y a 4 grands ouvrages à cornes, capables d'en prolonger longtemps la défense, et une bourgeoisie sur les actions de laquelle il faudrait veiller, nous estimons qu'il y faudrait ajouter 2,000 hommes de plus, moyennant quoi elle sera de 11,000 hommes de pied, que nous supposons devoir être bien effectifs, et, pour la cavalerie, attendu la plaine des environs grande et spacieuse, on y pourra mettre jusqu'à 1,000 ou 1,200 chevaux.

A l'égard de la citadelle, on estime qu'il n'y faut pas d'autre garnison que l'ordinaire, que l'on suppose devoir être de 1,000 hommes. La raison est que, si l'ennemi attaque par la ville, sa garnison se retirant dans la citadelle, il y aura plus de monde qu'elle n'en aura besoin; et, s'il attaque par la citadelle, toute la garnison de la ville venant à son secours, elle en aura encore plus qu'il ne lui en faudra. Ainsi la garnison de la ville et de la citadelle sera comptée sur le pied de 12,000 hommes de pied et 1,200 chevaux.

Saint-Simon) « pétri d'honneur et de valeur, de probité, de reconnaissance et d'attachement pour le Roi, d'amour pour la patrie », s'offrit de lui-même à s'enfermer dans la place.

(1) La copie la plus ancienne du mémoire de Vauban, que l'on rencontre au carton Lille, n° 1, dans les Archives du génie, porte le mot « bataillon ». C'est évidemment « bastion » qu'il faut lire, comme dans le manuscrit in-folio n° 27 de la Bibliothèque du génie.

Disposition générale.

La garnison des ville et citadelle étant supposée de 12,000 hommes de pied et 1,200 chevaux.

Il faut ôter de l'infanterie la huitième partie pour les blessés, malades et cachés, au vingtième jour de l'ouverture de la tranchée, montant à .... 1.500 hommes.

Pour le travail de jour et de nuit	600	—
Pour le service de l'artillerie	300	—
Pour retirer les blessés des lieux dangereux, aider au transport des poudres dans les postes avancés, les tirer des magasins, fondre les plombs, les réduire en balles, aider aux contre-mines	300	—
Total	2.700	hommes.

Qui, ôtés de 12,000, restera 9,300, dont il faut faire état pour le service ordinaire.

Nous diviserons les 9,300 hommes en 3 parties de 3,100 hommes chacune, dont une sera employée à la garde des postes avancés, l'autre au bivouac, pendant que la troisième se tiendra au repos.

Nous diviserons encore la garde en trois parties égales, dont l'une de 1,033, et que nous supposerons de 1,000 pour plus de facilité de compte, soutiendra la tête des attaques, et les deux autres occuperont les postes avancés de la place non attaqués.

Le bivouac sera divisé de même et garnira en nombre égal toutes les parties de la fortification situées immédiatement derrière les gardes avancées, afin de les mieux soutenir.

A l'égard de la cavalerie, on pourra poster 200 maîtres, disposés en quatre troupes, sur les places et les carrefours de la ville, et le surplus, divisé en deux corps, montera alternativement la garde à droite et à gauche des attaques pendant que l'autre moitié se reposera, les chevaux sellés.

Les religieux qui sont obligés à prendre garde au feu seront dispersés par petits pelotons aux endroits où il en sera besoin. On pourra aussi employer les 4 compagnies de Serments de la ville à ce à quoi ils seront propres, notamment les canonniers qu'il faudra mettre aux batteries les moins périlleuses et les entremêler.

Si la ville est attaquée la première, je ne vois d'autre action à la citadelle que de tirer du canon sur les camps, poster quelques gardes extraordinaires dans les chemins couverts et lunettes et faire quelques détachements à la ville suivant les besoins.

POUR SUPPUTER LA CONSOMMATION DES POUDRES.

Pour les 1,000 hommes opposés aux attaques, à raison de deux livres et demie de poudre chacun, par garde......	2.500 livres.
Pour les 2,000 hommes de garde aux postes non attaqués, à raison d'un quarteron chacun..........	500 —
Pour les 1,000 hommes de bivouac postés derrière les attaques, à raison d'une demi-livre chacun....	500 —
Pour les 2,000 hommes de bivouac derrière les postes non attaqués, à raison d'un demi-quarteron chacun	250 —
Pour les 400 chevaux de garde, à un quarteron chacun	100 —
Pour les 200 chevaux de garde sur les places et carrefours	Néant.
Pour 400 coups de canon par jour, estimés à cinq livres et demie chacun...........................	2.200 —
Pour les 600 coups d'arquebuse à croc, de deux onces et demie de poudre chacun................	92,5 —
Total des consommations journalières....	6.142,5 liv

Qui, multipliées par 90 jours d'attaque, ville et citadelle comprises, feront.......................	552.825 livres.
Pour 10 jours d'investiture, à raison de 3,000 livres par jour..	30.000 —
Poudre fine pour les officiers....................	10.000 —
Actions extraordinaires..........................	30.000 —
Pour charger et tirer 3,000 bombes ordinaires à 16 livres de poudre par coup, bombes et mortiers..	48.000 —
Pour charger et tirer 6,000 bombes de 6 pouces de diamètre à 4 liv. 1/2 de poudre.............	27.000 —
Pour charger 60,000 grenades, à 4 onces 1/2 de poudre chacune..................................	16.845 —
Feux d'artifice..................................	7.000 —
Mines et fougasses...............................	20.000 —
Poudre brûlée dans les brèches..................	10.000 —
Déchet	25.125 —
Reddition	10.000 —
Total des poudres nécessaires à la défense des ville et citadelle.................................	796.795 livres

que nous passerons pour 790 milliers, pour faire un compte plus rond.

Plomb par rapport à la quantité de poudre, déduction faite de celle qui n'est pas consommée pour la mousqueterie, les calibres estimés à 18 balles à la livre, et la livre de poudre à 30 coups, ci .... 708.340 livres.

Mèche .... 250.000 livres

Pour les blés.

Par l'hypothèse de ci-devant, la garnison des ville et citadelle est supposée de 12,000 hommes de pied et de 1,200 chevaux, auxquels ajoutant les officiers, sergents, tambours, aumôniers, fraters et les valets d'officiers des régiments, le tout fera près de 15,000 bouches, à quoi il faut encore ajouter les 2 compagnies de canonniers, les mineurs et l'artillerie et les domestiques des officiers généraux, commandants des corps, commissaires des guerres, ingénieurs, l'hôpital et ceux qui le desservent, et tous autres tirant paye du Roi, qui feront aux environs de 1,000 bouches qui, ajoutées aux précédentes, feront 16,000 rations par jour, qu'il faudra faire de 2 livres la ration pendant le siège, à commencer du jour de l'investiture et finir à la levée du siège, le tout revenant à 100 septiers, mesure de Paris, de consommation par jour, déchet compris, qui feront 3,000 septiers par mois, et pour 4 mois 12,000 septiers.

La bourgeoisie étant de 60,000 âmes ou environ, elle consommera 120,000 livres de pain par jour, qui, supputé sur le pied de celui qu'on donne aux troupes, reviendra journellement à 450 septiers de consommation, à 13,500 par mois, et à 54,000 pour les quatre, tant que le siège pourra durer.

Il sera du soin de M. l'intendant de tenir la main à ce que cette quantité de grains se puisse trouver dans la ville et plus s'il est possible, et, pour agir avec plus de certitude, il n'y a qu'à faire le dénombrement du peuple pour savoir au juste le nombre de bouches qui sera dedans et, par rapport à ce nombre, la quantité de grains qui sera besoin pour 4 mois et au delà, ordonnant du surplus au Magistrat et aux baillis des États d'y faire venir le plus qu'ils pourront comme aussi d'y faire abonder les grains de toutes autres espèces comme orge, avoine, pois, fèves, riz, lentilles, vin et bière, et de quoi brasser pendant le siège, des chairs fraîches et salées, lards, cochons, moutons, volailles, légumes de toutes espèces, beurre, fromage, sel, huile, vinaigre, épiceries, tabac, eau-de-vie et tout ce qui pourra faire besoin à la subsistance des bourgeois et de la garnison.

Comme la ville est grande et peuplée, pleine de gros marchands, située dans un pays gras et abondant, si l'on tient la main, cinq ou six mois avant qu'elle puisse être assiégée, à ce qu'elle en soit pourvue, il sera aisé de prévenir tous les besoins et d'en régler les consommations et les prix de manière que rien ne puisse renchérir pendant le siège, ni même longtemps après.

TABLE DES MATIÈRES

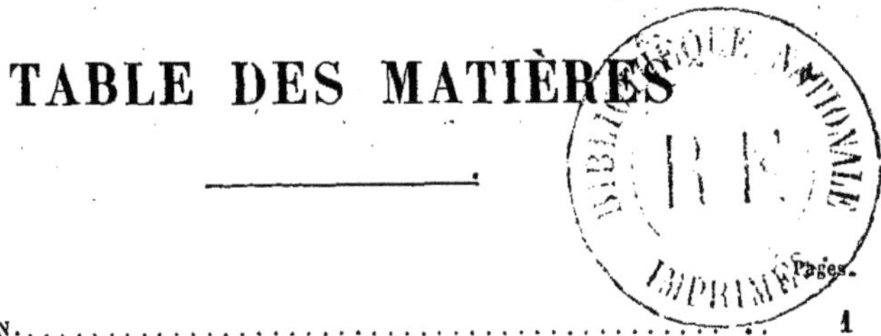

CHAPITRE III

Vauban et le canal de Lille à la mer.

CHAPITRE IV

Vauban et la défense de la ville et de la citadelle de Lille.

PARIS, — IMPRIMERIE R. CHAPELOT ET Ce, 2, RUE CHRISTINE.

Carte N°3

INONDATIONS RÉALISÉES ET CAMPS RETRANCHÉS PROJETÉS PAR VAUBAN
SOUS LES MURS DE LILLE.

LILLE

Wambrechies
Marquette
Basse Deûle R.
Route d'Ypres
Abbaye de Marquette
La Marque R.
Route de Menin
Pont de Marque
Château de la Tour
Marq-en-Barœul
Chemin de Roubaix
La Madeleine
Chapelle
Mons-en-Barœul
Lambersart
Porte Saint-Maurice
Porte de Roes
Porte de la Barre
Porte Notre-Dame
Porte des Malades
Chemin d'Armentières
Lomme
Maison de Santé
la Planche à Quesnoy
Esquermes
Wazemmes
Château de Stappaert
Loos
Faubourg Notre-Dame
la Billau
Chemin de Tournai
Hellemmes
Chemin de Valenciennes
Lezennes
Abbaye de Loos
Chemin de la Bassée
Chemin d'Arras
Chemin de Douai
Haubourdin
Hameau d'Ennequin
Thumesnil
Ronchin
l'Arbrisseau
Wattignies
Haute Deûle R.

Capᵗᵉ Sautai. — Vauban.

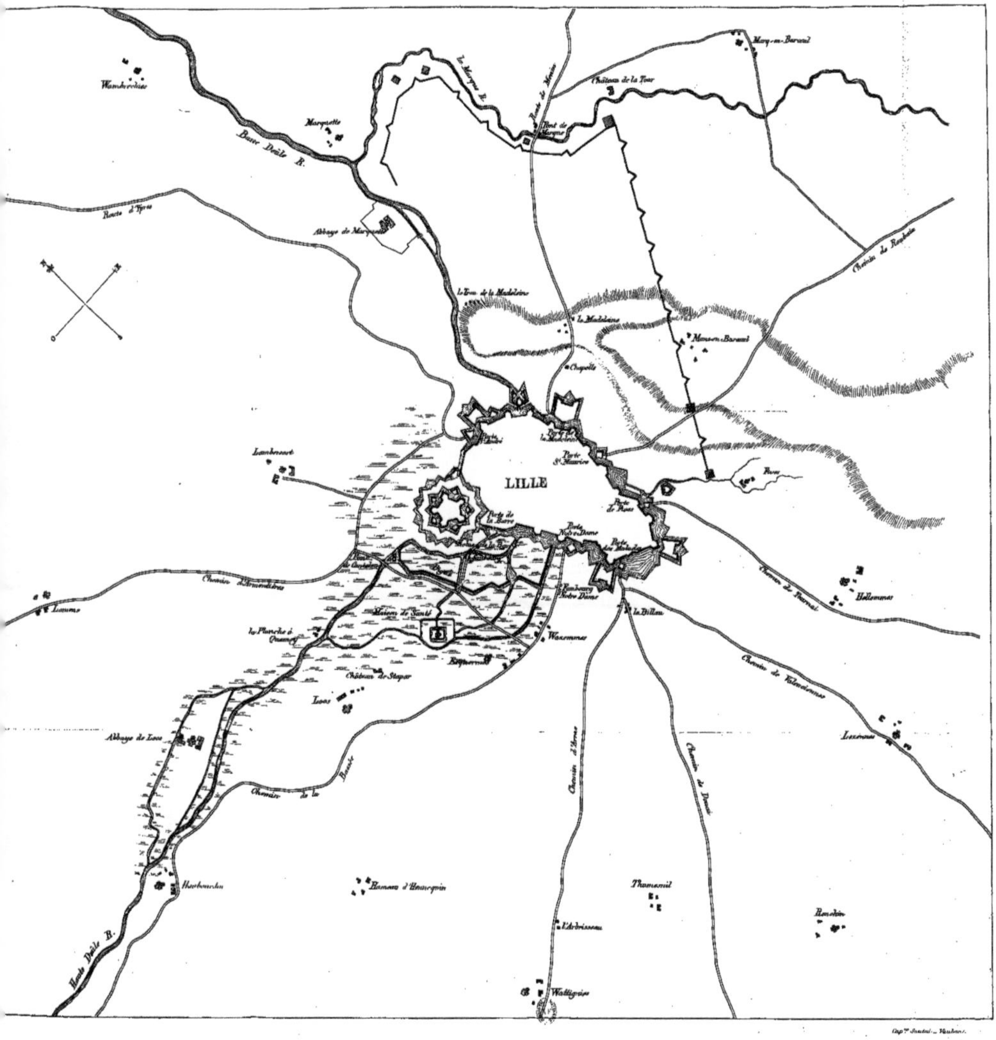

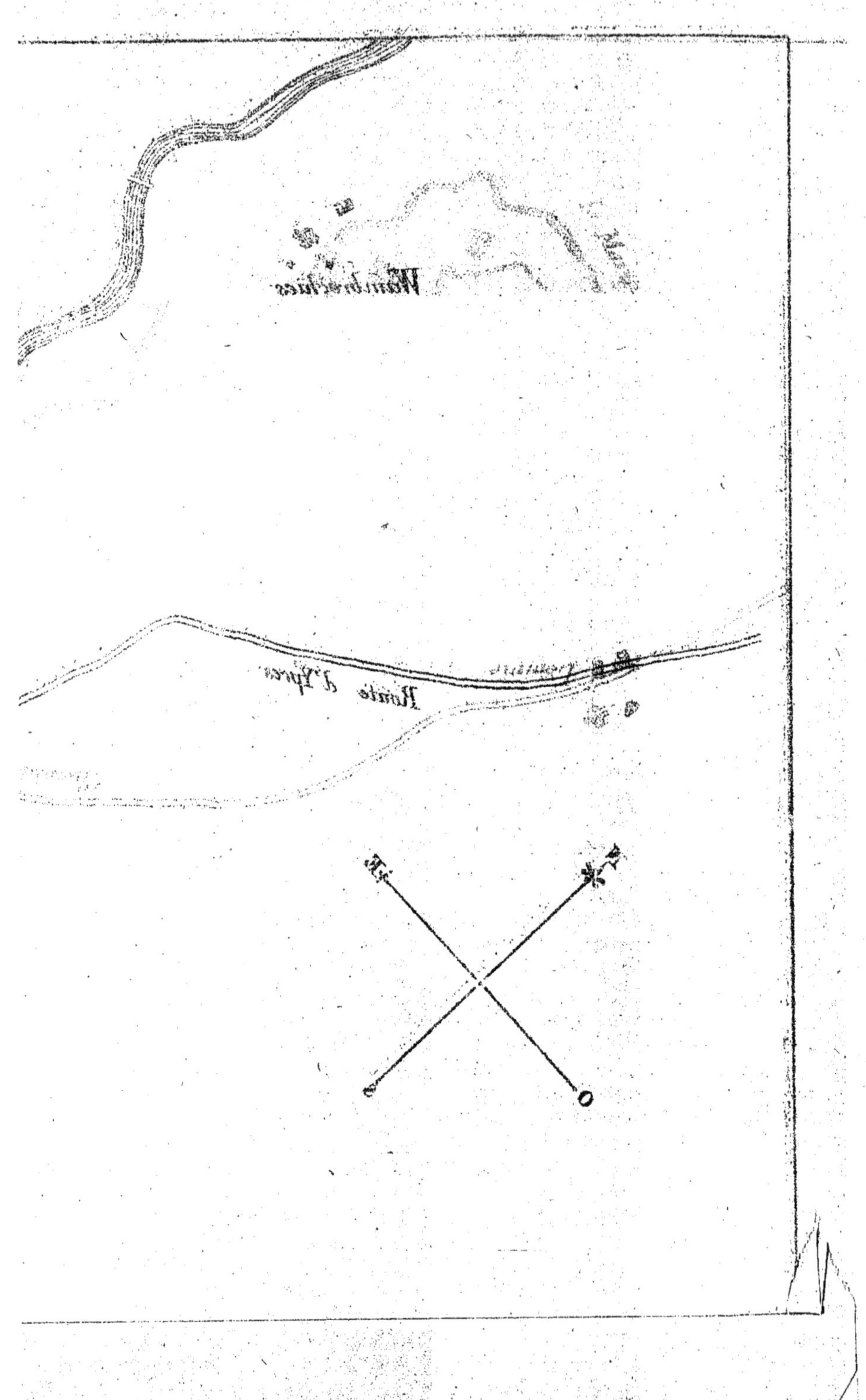

Carte N° 2

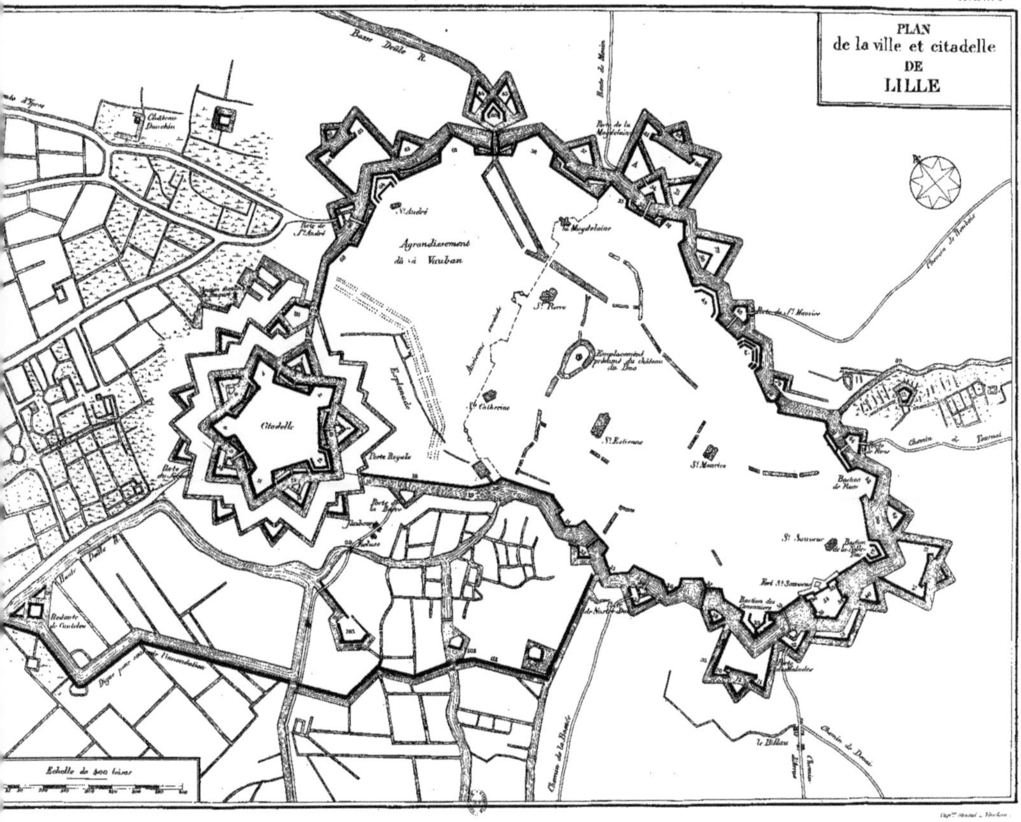

PLAN
de la ville et citadelle
DE
LILLE

Basse Deûle R.

Château Duochin

Porte de S.t André

S.t André

Agrandissement dû à Vauban

Porte de la Magdelaine

la Magdelaine

S.t Pierre

Emplacement présumé du château du Buc

S.te Catherine

Esplanade

Citadelle

Porte Royale

Porte de la Barre

S.t Etienne

S.t Maurice

Porte de S.t Maurice

Chemin de Tournai

Bastion de Fives

S.t Sauveur

Fort S.t Sauveur

Bastion des Canonniers

le Billau

Chemin de Douai

Chemin de la Bassée

Haute Deûle R.

Redoute de Canteleu

Echelle de 500 toises

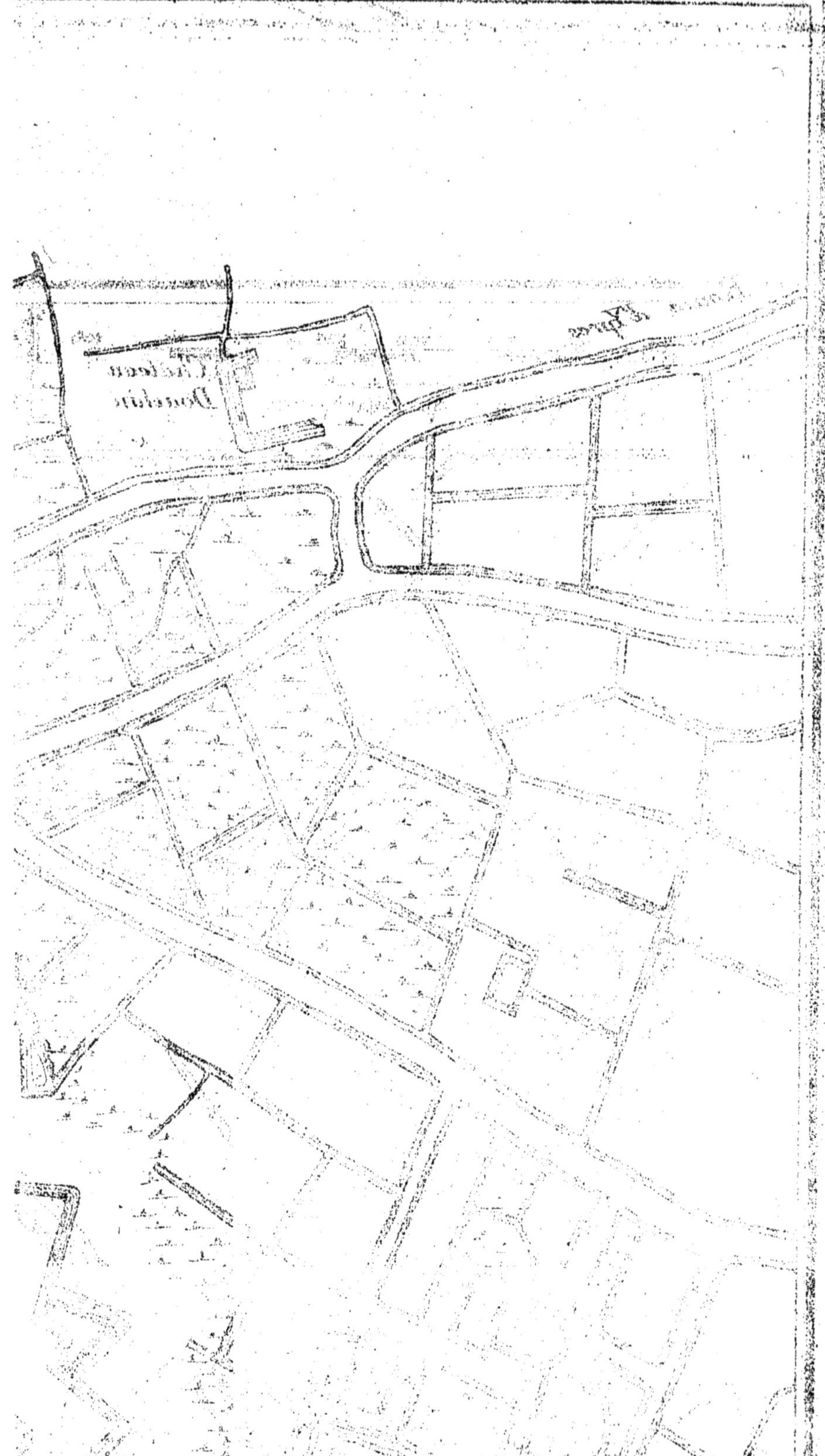

LA CHÂTELLENIE DE LILLE.

Carte N°1

NAVIGATION PROJETÉE PAR VAUBAN, DE L'ESCAUT À LA MER. Carte N°4

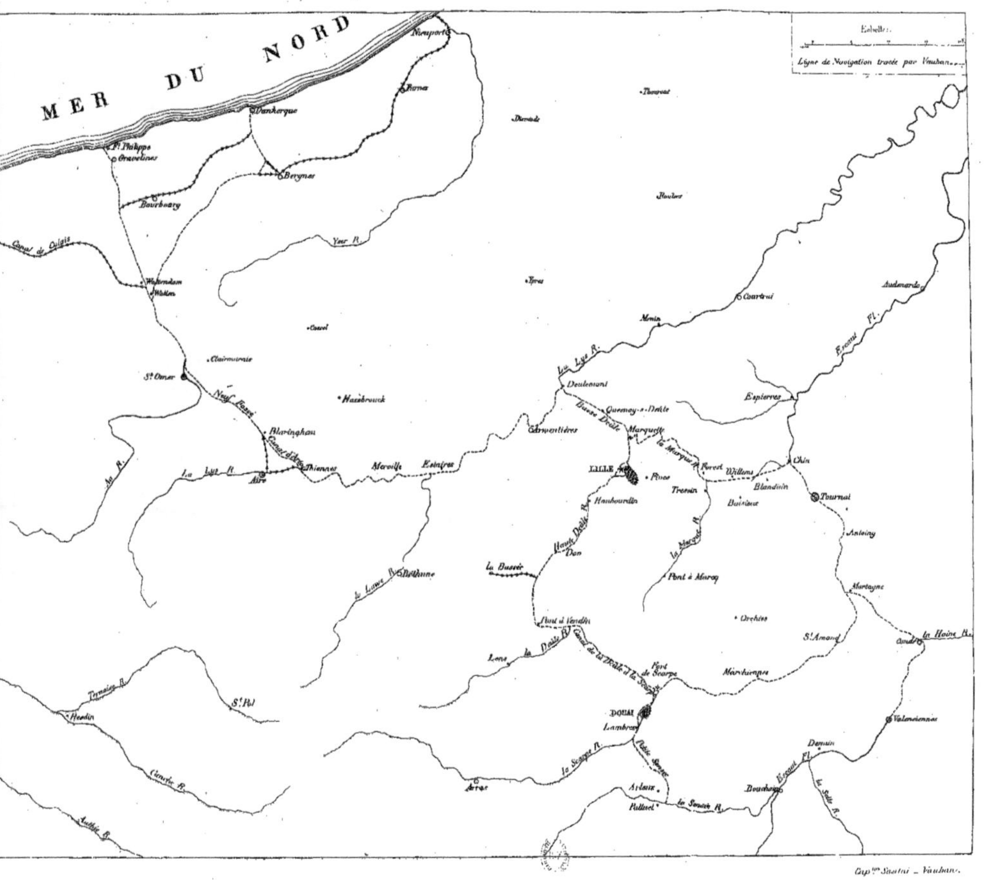

Capne Sastai – Vauban.

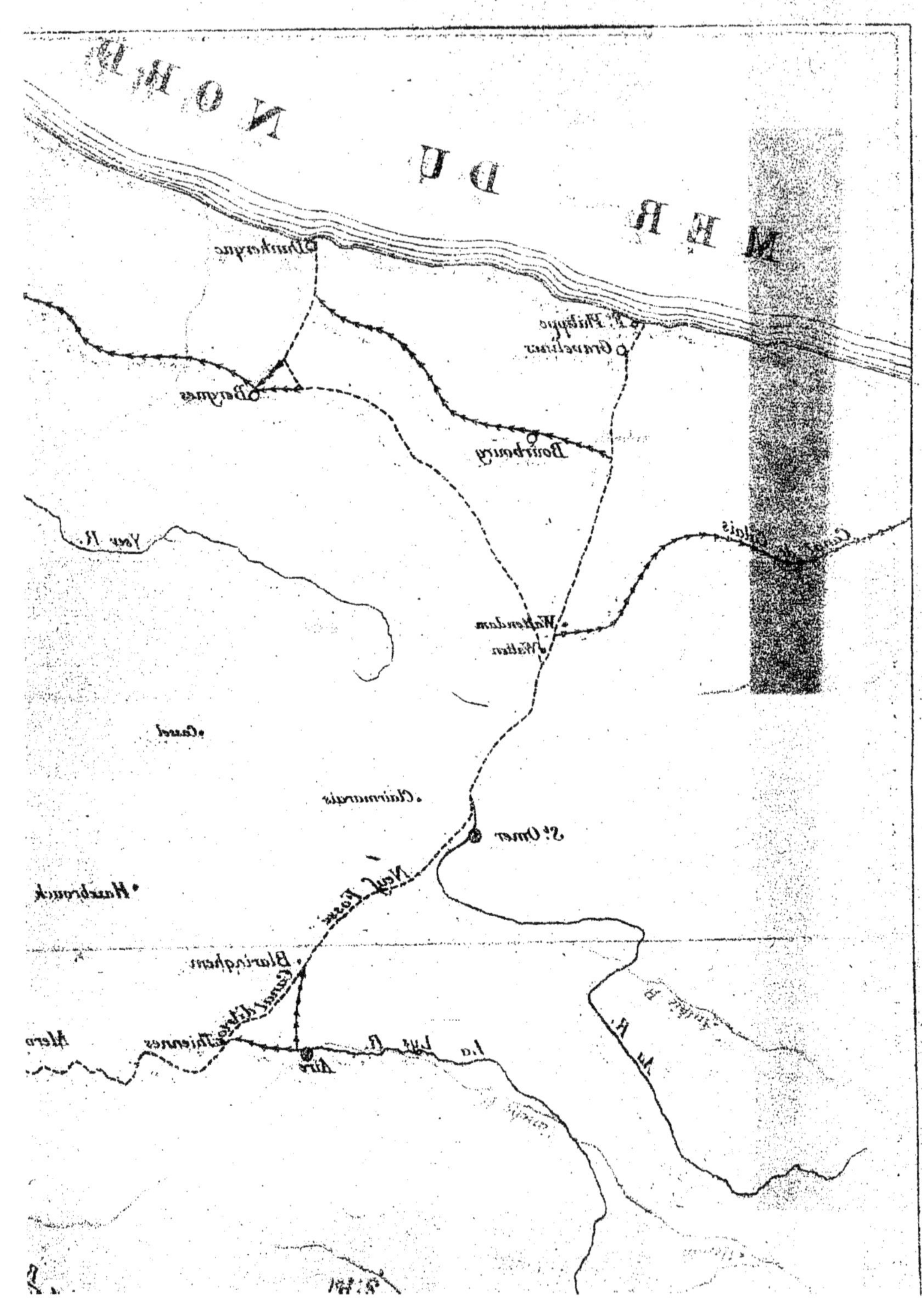

MER DU NORD
Dunkerque
Ft Philippe
Gravelines
Bergues
Bourbourg
Yser R.
Canal de Calais
Wattendam
Watten
Cassel
Clairmarais
St Omer
Hazebrouck
Neuf Fossé
Blaringhem
Thiennes
Aire
La Lys R.
Aa R.

www.ingramcontent.com/pod-product-compliance
Ingram Content Group UK Ltd.
Pitfield, Milton Keynes, MK11 3LW, UK
UKHW012036240726
13965UKWH00003B/825